养老产业与旅游产业耦合发展研究

时静亚　于　颖　著

天津出版传媒集团
天津科学技术出版社

图书在版编目（CIP）数据

养老产业与旅游产业耦合发展研究 / 时静亚，于颖著. -- 天津 ：天津科学技术出版社，2025. 3. -- ISBN 978-7-5742-2805-4

Ⅰ. F592.3

中国国家版本馆 CIP 数据核字第 2025RE0083 号

养老产业与旅游产业耦合发展研究

YANGLAO CHANYE YU LÜYOU CHANYE OUHE FAZHAN YANJIU

责任编辑：吴　頔

责任印制：兰　毅

出　　版：天津出版传媒集团
天津科学技术出版社

地　　址：天津市和平区西康路35号

邮　　编：300051

电　　话：（022）23332377

网　　址：www.tjkjcbs.com.cn

发　　行：新华书店经销

印　　刷：定州启航印刷有限公司

开本 710 × 1000　1/16　印张 10.5　字数 160 000

2025年3月第1版第1次印刷

定价：68.00元

前 言 Preface

20世纪70年代初期，中国开始实施计划生育，中国的生育率开始下降。另外，医疗水平不断进步，人口年龄结构也发生了显著变化，老年人口比例不断上升。生育率的降低以及医疗水平的提升都预示着我国开始进入人口老龄化时代，并在一定时期内加快。回顾中国人口出生率与死亡率的下降过程，人们可以看到不同时间点中国人口年龄结构的变化轨迹。

2020年第七次全国人口普查数据揭示了老年人口的现状及特点，预计未来几十年中国老年人口将经历快速增长、中速增长、慢速增长三个阶段，最终在2056年开始出现负增长。尽管老年人口数量有所减少，但由于人口结构的变化，老年人口所占比例仍然持续提升，这就意味着老龄化问题仍然存在。未来的30年，我国需要积极应对、解决人口老龄化问题，需要政府、社会、个人共同努力，通过完善社会保障体系、发展银发经济、提高医疗服务水平等措施，来应对人口老龄化的挑战，确保老年人口的生活质量。

在人口老龄化的背景下，社会对养老服务体系提出了更高的要求。我国政府高度重视老龄事业的发展，出台了一系列相关的法律法规和政策文件。《中华人民共和国老年人权益保障法》为老年人的合法权益提供了法律保障，明确了国家、社会、家庭和个人的责任和义务。《中华人民共和国国民经济和社会发展第十四个五年规划和2035年远景目标纲要》以及《国家积极应对人口老龄化中长期规划》则进一步明确了积极应对人口老龄化的国家战略，提出了构建和完善兜底性、普惠型、多样化的养老服务体系的目标。这些法律和政策的出台，为老龄事业的发展提供了有力的制度保障和政策支持。

从产业角度出发，养老产业成为新型产业之一，展现出巨大的市场潜力和社会价值。养老产业不仅涵盖传统的养老服务，如机构养老、居家养老等，还涉及医疗、健康、文化、娱乐等多个领域，形成了多元化的养老业态。这种多业态的发展模式是未来养老产业发展的主要特征。

养老产业不能孤立发展，还需要在追求多元化、高品质的同时，与其他产业进行融合发展，最终形成协同发展的格局。其中，养老产业与旅游产业有着天然的耦合性。旅游产业是国民经济的支柱产业之一，我国有着丰富的旅游资源和优势，其中的自然景观、人文景观等都可以为养老产业提供养老资源，为老人提供独特体验。在一定程度上，二者的耦合为各自的发展带来了新的市场机遇和发展空间。

养老产业与旅游产业的耦合发展是新时代开展资源共享、优势互补，推动产业创新与升级的有益尝试。这种模式不仅符合老龄事业发展的需求，也顺应了产业融合发展的趋势。两大产业的耦合发展有着积极的意义：第一，可以打造具有优势的养老旅游产品，满足老年人对旅游、养老的双重需求。第二，可以推动养老旅游服务的标准化、专业化发展，提高服务质量和水平。第三，可以促进相关产业链的延伸和拓展，形成新的经济增长点。

养老产业与旅游产业的耦合性是什么，耦合发展的方向和举措是什么，这些问题需要进行深入的探讨。基于此，内蒙古交通职业技术学院时静亚、于颖共同撰写完成了本书，其中时静亚撰写第一章至第三章，约8万字，于颖撰写第四章至第六章，约8万字。本书旨在深入探讨养老产业与旅游产业的耦合发展问题，为相关产业的协同发展提供理论支撑和实践指导。

本书一共分为六章：

第一章“养老产业与旅游产业发展概述”主要对养老产业与旅游产业的发展进行了概述，包括养老产业的定义、发展历程、市场现状以及未来趋势；旅游产业的基本概念、发展历程、产业特点以及在全国经济中的地位。本章在分析两大产业发展的基础上分析了两大产业的耦合性，指出二者在资源、市场、服务等方面的耦合性。

第二章“相关理论”主要介绍了养老产业与旅游产业耦合发展的相关理论基础，包括生态经济理论、可持续发展理论、耦合理论与产业融合理论等。

第三章“养老产业与旅游产业耦合发展的体系及动力”论述了养老产业与旅游产业耦合发展的整体框架和主要组成部分，包括资源耦合、市场耦合、服务耦合等方面。本章在论述养老产业与旅游产业耦合发展的动力结构时，分析了推动两大产业耦合发展的主要动力因素，如政策驱动、市场需求、技术创新等。

第四章“养老产业与旅游产业耦合发展的价值链发展模式”系统介绍了价值链理论的基本概念和应用方法，并详细论述养老产业与旅游产业耦合发展的三种价值链发展模式。

第五章“养老产业与旅游产业耦合发展的策略”提出了两大产业耦合发展的具体策略，包括经营策略、产品服务策略、市场营销策略、供应链策略、组织发展策略等，这些策略为二者的耦合发展提供了指导以及操作路径。

第六章“养老产业与旅游产业耦合发展的体系构建”从政策支持、产业支持、公共服务体系、资本市场体系、创新专业人才培养体系这几个方面进行论述。

相信本书的出版将为养老产业与旅游产业的耦合发展提供有益的参考和借鉴，推动相关产业的协同发展与创新进步。当然作者也期待更多的学者、企业家和政策制定者能够关注这一领域，共同为积极应对人口老龄化、构建和完善养老服务体系贡献力量。

由于时间、水平有限，书中难免存在疏漏之处，恳请广大读者批评指正，以便在未来的研究中不断完善和提高。

作　者

2024 年 12 月

目 录 Contents

第一章
养老产业与旅游产业发展概述

在研究养老产业与旅游产业耦合发展前，了解这两个产业的基本发展状况及其耦合性是必要的。

第一节　养老产业发展概述

一、养老产业和养老产业链

养老产业又称为老龄产业，是专门服务于老年群体，针对其衣物、饮食、居住、出行、娱乐及医疗等多方面需求，提供相应产品与服务的行业，包含第一、二、三产业。

我国老年人口数量持续攀升，中华人民共和国民政部、全国老龄工作委员会办公室发布的《2023 年度国家老龄事业发展公报》（以下简称《公报》）显示，截至 2023 年末，全国 60 周岁及以上老年人口 29 697 万人，占总人口的 21.1%；全国 65 周岁及以上老年人口 21 676 万人，占总人口的 15.4%。①

通过整理分析 2013 年到 2023 年全国 60 周岁及以上人口数量，及占全国总人口比重，人们会发现，我国老年人口数量呈上升趋势，且比重逐渐增加，如图 1-1、图 1-2 所示。

① 沛霖．“银发经济”成为我国经济发展的新引擎 [EB/OL].（2024-10-15）[2024-11-30]. https: //www.hscbw.com/shenghuo/zonghe/2024-10-15/116147.html.

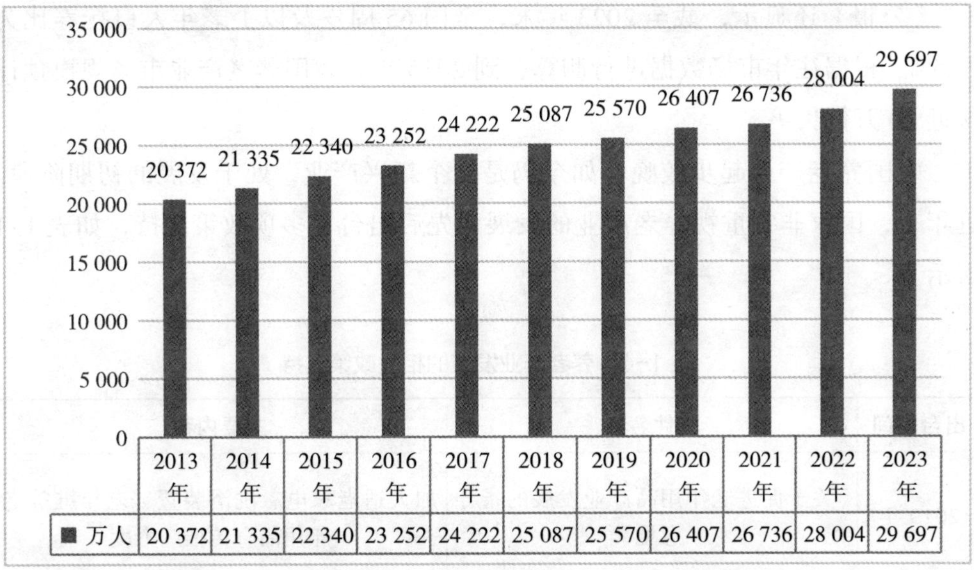

图 1–1　2013 年到 2023 年全国 60 周岁及以上人口数量

（数据来源：国家统计局）

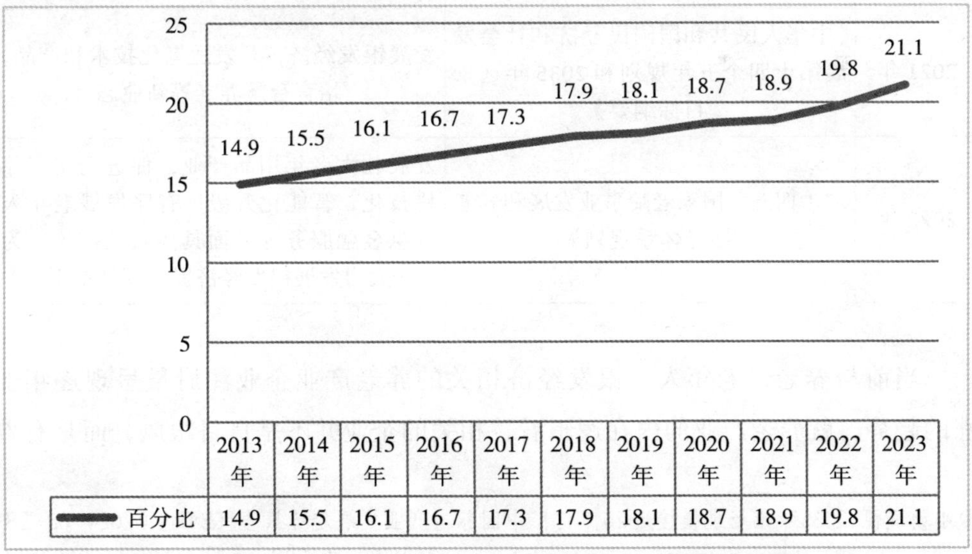

图 1–2　2013 年到 2023 年全国 60 周岁及以上人口占全国总人口比重

（数据来源：国家统计局）

《公报》还显示，截至2023年末，全国65周岁及以上老年人口抚养比为22.5%。根据往年市场数据进行测算，到2035年，我国养老产业市场规模预计接近20万亿！①

中国养老产业起步较晚，如今仍是一个新兴产业，处于发展的初期阶段。近年来，国家非常重视养老产业的发展，先后出台了多项政策支持，如表1–1所示。

表1–1　养老产业发展的相关政策支持

出台时间	文件名称	主要内容
2019年	《关于促进老年用品产业发展的指导意见》	加大适老家电、洗浴装置、老年鞋等老年用品宣传推广力度
2021年	《智慧健康养老产业发展行动计划（2021—2025年）》	强化信息技术支撑等6个重点任务和3个专项工程，促进智慧健康养老产业持续发展
2021年	《中华人民共和国国民经济和社会发展第十四个五年规划和2035年远景目标纲要》	发展银发经济，开发适老化技术和产品，培育智慧养老等新业态
2022年	《“十四五”国家老龄事业发展和养老服务体系规划》	发展壮大老年用品产业，促进老年用品科技化、智能化升级，有序发展老年人普惠金融服务等方面具体政策措施，为大力发展银发经济提供规划指引

当前与养老、老年人、银发经济相关的养老产业企业注册量呈现逐年上涨的趋势，就养老产业的内在逻辑看，相关的企业并不是盲目跟风，而是有着

①小镇透视.2035年市场规模接近20万亿！中国养老产业发展趋势报告[EB/OL].（2024-08-28）[2024-11-30]. https://mp.weixin.qq.com/s?__biz=MjM5NDQzNzE0Mg==&mid=2652059828&idx=2&sn=5bd7713a23e224419534c89e84cf0cd2&chksm=bd6059cd8a17d0dbdabebc4d4168ecf1bcbdca8905011292d600a8df211c453edd312dd07b12&scene=27.

明确的市场需求。养老产业有着明确的产业链，分为上游、中游、下游三大领域，如表 1–2 所示。

表 1–2　养老产业链的三大领域

领　域	产业或主体名称	服　务
上游领域	医疗设备器械、诊断器械、智能硬件、康复辅具（医疗器械、监护设备）	为老年人的健康监测、疾病诊断、疾病治疗提供支持
	信息化解决方案、综合信息管理平台、紧急呼叫	为老年人提供多样化的养老选择
	人才教育与培训、职业学校、培训机构	为养老产业培养人才
中游领域	居家养老	为老年人提供上门服务、远程监控
	社区养老	社区日常照料，上门服务
	机构养老	为老年人提供综合养老服务
下游领域	用户方：老年人	老年人根据自身需求，支付相关服务费用
	支付方	社会保险（基本养老保险、基本医疗保险、长期护理险等）
		商业保险
		个人支付（老人、子女、其他家庭成员）

纵观养老产业链的三大领域，上游领域主要为养老产业提供相关设备，中游领域提供载体，下游领域主要提供服务，三者结合在一起，形成了综合市

场，如图 1-3 所示。

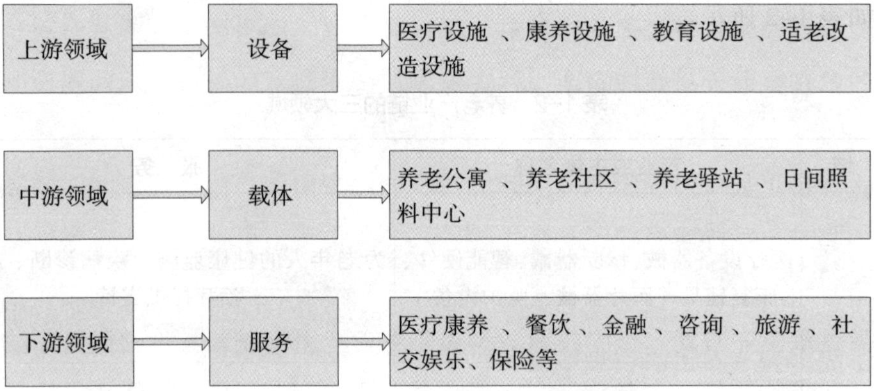

图 1-3　养老产业的设备、载体与服务

二、养老产业的三大业态

养老产业可以分为以下三大业态。

（一）养老服务业态

养老服务业态以高龄、刚需、普惠为核心。围绕老年群体的刚性需求所产生的养老服务业态是养老产业市场化的主要业态，这一养老服务业态主要包括医疗服务和照护服务，涵盖老年医疗卫生服务中的预防保健、健康管理、疾病诊疗、康复护理、安宁疗护，以及养老照护服务中的机构、社区和居家养老照护。其中，疾病诊疗、康复护理、安宁疗护和机构、社区、居家养老照护等针对高龄、刚需及普惠消费的服务较其他业态先行发展。预防保健和健康管理业态则根据刚需与非刚需呈现梯队化发展。

（二）产品和服务业态

产品和服务业态以功能性、生活便利为核心。这一业态主要围绕老年群体的其他消费展开，以便提高老年群体生命功能和生活能力，融入老年群体生活的方方面面。这一业态包括以下三个方面。

1. 老年用品

包括食品、营养品、保健品、健身产品、日用品、生活辅助产品、老年药品、医疗器械、康复辅具、智能可穿戴设备、老年代步车等。

2. 养老设施

包括养老设施建设、改造，养老设施装修、维修，住宅适老化，公共设施适老化，无障碍改造等。

3. 其他服务

围绕老年人的餐饮、家政服务也属于这一业态。

（三）其他老年业态

其他老年业态以快乐、创新、保障为核心。这一业态主要为了满足老年群体对于娱乐的一种需求，且这一需求呈现出广阔的市场前景，成为一种新型的消费趋势。

其他老年业态包括以下四个主要领域。

1. 健康促进与社会参与

包括体育健身、旅游、文化娱乐、保健疗养、志愿服务等。

2. 养老科技与智慧养老

包括可穿戴健康管理类设备、自助式健康监测设备、便携式健康监测设备等，所涵盖的服务包括养老机构管理、综合监管、智慧助餐系统、社区居家养老管理、智慧评估、呼叫调度等。

3. 教育培训和人力资源

包括老年教育、养老教育与技能培训、养老人力资源服务等。

4. 养老金融服务

包括商业养老保险、老年商业保险、养老理财服务、养老债券、养老金信托、其他养老金融服务。

三、养老产业的分类

人口老龄化的趋势促使养老产业的产生及发展，这样一来，养老走向了市场化，表现为广泛的社会力量开始为老年人提供各种各样的服务。养老产业按照属性的不同可以划分为十个产业，如表 1–3 所示。

表 1–3　养老产业按照属性划分的十个产业

产业名称	定　义	产品或服务
老年医疗保健业	为老年人提供的医疗保健药品和医疗器械	保健品、药品、医疗器具、康复器材、健身器材、辅助医疗设备等
老年生活用品制造业	为老年人提供的日常生活用品	手杖、餐具、放大镜、助听器、轮椅等
老年家政服务业	围绕高龄老人的需要而产生的家政服务	家务服务、活动服务、友爱服务等
老年房地产业	为老年人提供的居住、服务设施	老年公寓、护理医院、托老所、敬老院
老年保险业	为老年人提供的各种保险服务	人身保险、健康保险、养老保险
老年金融业	为老年人提供的一些金融产品	储蓄、期货投资、证券投资、理财咨询等
老年文化娱乐业	为丰富老年人的精神文化生活所提供的相关服务	音乐欣赏、文化教育等

续　表

产业名称	定　义	产品或服务
老年旅游业	为老年人提供的旅游服务	旅游服务
老年咨询服务业	为老年人解决心理、生理问题的相关服务	心理咨询、健康咨询、法律咨询、家政咨询等
其他特殊产业	为满足老年人特殊喜好而提供的服务	古玩、花卉、表演等

四、养老产业的未来发展

养老产业目前呈现出巨大的潜力，未来具有很大的发展空间，主要表现在三个方面。

（一）老年人的消费潜力巨大

中国老年人的消费潜力巨大，统计数据显示，当前中国老年人群所蕴含的内在消费需求已超过 1 万亿元，这一数字反映了庞大的老年市场规模，为养老产业的快速发展提供了市场空间与发展机遇。

政府及众多专家学者基于人口结构变化趋势与经济社会发展状况，做出了前瞻性的预测："十四五"期间，中国老年人口数量预计将突破 3 亿大关。更为关键的是，老年群体的消费行为展现出较高的稳定性与可持续性。

随着生活水平的不断提升与消费观念的逐步转变，老年人在消费领域的需求将持续扩大，并呈现出多元化、品质化的特点。从健康医疗、休闲娱乐到智能家居、贴心服务等诸多方面，老年消费市场的细分化与个性化需求日益凸显，这些为养老产业的可持续发展注入了动力与活力。

（二）国家层面的支持

国务院在2022年发布的《“十四五”国家老龄事业发展和养老服务体系规划》中，提出了这样的指导思想：“以习近平新时代中国特色社会主义思想为指导，全面贯彻党的十九大和十九届历次全会精神，统筹推进‘五位一体’总体布局，协调推进‘四个全面’战略布局，坚持稳中求进工作总基调，立足新发展阶段，完整、准确、全面贯彻新发展理念，构建新发展格局，坚持党委领导、政府主导、社会参与、全民行动，实施积极应对人口老龄化国家战略，以加快完善社会保障、养老服务、健康支撑体系为重点，把积极老龄观、健康老龄化理念融入经济社会发展全过程，尽力而为、量力而行，深化改革、综合施策，加大制度创新、政策供给、财政投入力度，推动老龄事业和产业协同发展，在老有所养、老有所医、老有所为、老有所学、老有所乐上不断取得新进展，让老年人共享改革发展成果、安享幸福晚年。”①

（三）社会化养老

随着我国人均国内生产总值的稳步增长及民众生活方式的改变，传统的家庭养老模式正面临改变。参考国外养老模式的演变历程，并结合我国大中型城市的实地调研数据，人们可以清晰地观察到，越来越多的民众开始接纳并倾向于选择社会化养老方式。

这一趋势的形成，一方面源于经济社会的发展，另一方面与当下中国家庭结构的变化紧密相连。独生子女家庭、再婚家庭、空巢老人现象在当下较常见，这在不同程度上削弱了传统家庭养老的功能与效力，使人们不得不重新审视并调整养老观念与方式，社会化养老越来越受到重视。

社会化养老作为应对人口老龄化挑战、满足老年人多元化养老需求的有效途径，其重要性日益凸显。社会化养老可以通过构建完善的社会化养老服务体

① 国务院．国务院关于印发《“十四五”国家老龄事业发展和养老服务体系规划》的通知[EB/OL].（2022-02-21）[2024-12-01]. https://www.gov.cn/zhengce/zhengceku/2022-02/21/content_5674844.htm.

系，为老年人提供更加专业、全面的养老服务。这在一定程度上缓解了家庭养老的压力与困境。

第二节 旅游产业发展概述

一、旅游产业

（一）旅游产业的定义

旅游产业与旅游、旅游业是密切相关的，本书认为，旅游指的是以游览为目的的行为；旅游业则属于服务业，是以旅游者为对象，为其旅游活动创造便利条件并提供其所需商品和服务的综合性行业。而旅游产业指的是凭借旅游资源和旅游设施，为旅游者提供旅行游览服务的企业集合。[①]

（二）旅游产业的分类

旅游产业作为一个综合性的经济活动，其结构可以分为三个层次：核心层次、中间层次和外围层次。这三个层次共同构成了旅游产业的完整生态，每个层次都有其特定的功能和作用。

1. 核心层次：旅游业

核心层次是旅游产业的主体和核心，主要包括完全向旅游者提供旅游产品和服务的行业和部门。

（1）旅游住宿业。如豪华五星级酒店、经济型旅馆等，为旅游者提供舒适的住宿体验。

① 逯忆．基于产业融合的旅游业高质量发展研究[M]．武汉：武汉大学出版社，2022：43.

（2）旅游景观业。包括景点规划、景点建设、景区维护和管理等方面，是旅游目的地的吸引力所在。

（3）旅游运输业。涵盖运输服务业和交通行业，如航空公司、火车、公共汽车、出租车等，为旅游者提供便捷的交通工具。

（4）旅行社。负责设计、组合和营销旅游产品，为旅游者提供全方位的服务。

（5）在线旅游信息服务机构。如在线旅游平台，通过互联网为旅客提供各种旅游信息和服务。

2. 中间层次：旅游依托部门

中间层次包括那些不仅为旅游者服务，还为当地消费者提供服务的行业和部门。

（1）餐饮服务业。提供各种餐饮服务，满足旅游者和当地居民的餐饮需求。

（2）文化娱乐业。如主题公园、水上乐园、博物馆、剧院等，文化娱乐业为旅游者提供丰富的文化娱乐体验。

（3）康养业。如康养旅游，康养业为旅游者提供放松身心、增进健康的机会。

（4）零售业。如旅游相关产品的生产与经营部门，销售各种旅游工艺品、纪念品和日常消费品。

（5）公共交通运输业。虽然公共交通运输业主要为当地居民服务，但它也为旅游者提供了一定的交通便利。

3. 外围层次：旅游相关部门

外围层次包括为旅游产业发展提供支持的上下游相关行业和部门。这些行业和部门与旅游产业有着紧密的联系，对旅游产业的发展起到了重要的支持和带动作用。

（1）金融服务业。如银行、保险等，金融服务业为旅游企业和旅游者提供金融服务和保障。

（2）通信服务业。如邮电、通信等，通信服务业为旅游企业和旅游者提供通信服务。

（3）基础设施建设部门。如建筑、房地产、园林、环保等，基础设施建设部门主要为旅游产业的发展提供基础设施支持。

（4）教育培训部门。如旅游教育培训、旅游研究和设计规划等，教育培训部门为旅游产业的发展提供人才和智力支持。

（5）其他关联产业。如农业、文化、体育以及机械制造等，与旅游产业形成联动效应，促进区域经济的全面发展。

（三）旅游产业的特征

1. 综合性

旅游产业衍生出的各种服务和商品是社会各行业、部门间相互作用的产物，且集合了众多内容。从非物质生产部门，如卫生、邮电、教育、文化、金融、海关，到物质生产部门，如机械制造业、轻工业，再到旅游行业的专业从业机构，如旅游交通部门、旅游餐饮部门、旅行社，旅游产业都有所涉及，且在一定程度上整合了这些部门和机构的服务与资源。同时，各部门在不同领域为旅游业提供支持，它们相互依存，相互补充，形成了一个多方位、多层次、复杂且网络状的结构。

旅游产业的综合性使其能够满足游客的多样化需求，涵盖了从基本的食、宿、行到深层次的文化体验。同时，综合性的特点也要求旅游产业在发展过程中必须注重各环节、各部门的协调与配合，以确保整个行业的顺利运行和持续发展。

2. 关联性

旅游产业的关联性体现在旅游将社会众多行业与部门紧密连接在一起。旅游产业的发展需要依托丰富的旅游资源，也需要依托交通、住宿、餐饮、娱乐等相关产业，这种依附性使得旅游产业在发展过程中必须与各部门、各企业统筹规划，协调发展。

而旅游产业的发展可以视为一个强大的引擎，能够带动旅游目的地的建筑、园林、文娱、交通等多个领域的快速发展。旅游产业的发展能够带动当地经济的发展，为周围居民创造更多的就业机会，使其拥有更好的生活条件。

3. 周期性与季节性

旅游产业具有一定的周期性，旅游消费是在人们基本生活需求得到满足之后产生的更高层次消费，主要依赖居民生活水平以及收入水平的不断提高，与宏观经济发展水平和周期性具有相关性。在经济繁荣时，居民收入水平较高，旅游消费需求随之增加；在经济萧条时，居民收入水平降低，旅游消费需求也随之下降。

旅游产业同时具有季节性。旅游受到自然条件和休假制度等因素的影响，具有明显的季节性特征，因此旅游产业也具有明显的季节性。例如，在节假日和寒暑假期间，旅游人数通常会大幅增加，旅游市场兴旺；而在气候恶劣或不适宜旅游的季节，旅游人数则会减少，旅游市场进入淡季。

二、旅游产业的发展成就

（一）旅游产业对国民经济的综合贡献持续加大

旅游产业是现代经济体系的重要组成部分，对国民经济的贡献巨大。旅游产业主要通过三个方面来推动国民经济的增长。

1. 旅游消费成为拉动内需、促进经济增长的重要引擎

旅游消费具有多层次、多样化、可持续的特点。随着生活水平的提升，人们的消费进一步升级，消费观念也发生了变化，旅游消费成了人们消费支出的重要部分。有测算显示，旅游产业每收入 1 元，能带动相关产业收入 4.3 元，这充分显示出旅游消费对扩大内需、拉动经济增长的积极作用。旅游消费的增

长不仅促进了旅游产业向前发展，还带动了餐饮、住宿、交通、购物等相关产业的发展，从而形成一个完整的经济链条，成为拉动内需、促进经济增长的重要引擎。

2. 旅游投资火热，不断拉动经济增长

在当前市场环境下，旅游产业的迅速发展带动了旅游投资的发展，旅游投资成为社会投资的热点。文化旅游、生态旅游、体育旅游、冰雪旅游等旅游新业态迎来了繁荣，进一步吸引更多的投资者投资这些领域。有数据显示，自2013年以来，我国新增A级景区8 000多家，年均增长率高达9.4%，充分展示了旅游投资市场的活跃度及发展潜力。① 另外，旅游投资还促进了旅游基础设施的完善，并促进了旅游产品的进一步升级。旅游产业链的相关投资形成了规模效应。

3. 旅游产业成为城乡发展的新动力

旅游产业的发展对城乡发展的推动作用不可忽视。一方面，旅游产业的优势表现在其就业容量大、覆盖范围广，为不同群体提供了就业以及创业的机会。全国A级旅游景区带动了超过160万人就业，并带动综合就业超过1 000万人，这充分显示了旅游产业在促进城乡就业方面的优势。② 另一方面，旅游产业中的乡村旅游已经成为带动农民就业增收的重要手段。当前，乡村旅游开展资源变资产、资金变股金、农民变股东等实践，促进了乡村旅游的开发，而乡村旅游带来的是乡村生活环境的改善、经济的发展和农民生活质量的提升。这些都为形成中国特色的乡村旅游发展模式奠定了基础。

（二）旅游业成为传承与弘扬中华文化的重要载体

旅游产业不仅是经济发展的重要手段，还是文化传承与弘扬的重要载体。

① 王珂．推动旅游高质量发展迈上新台阶[N]．人民日报，2024-05-17（4）．
② 同上。

1. 旅游产业为游客提供感受中华文化的窗口

旅游景点有其独特的魅力，它将自然风光与人文风情紧密结合，为游客直观感受中华文化提供了条件，因此旅游产业为游客提供了一个感受中华文化的窗口。例如，云南红河哈尼梯田的壮丽景色，不仅展现了自然之美，体现了独特的梯田文化，也蕴含了深厚的哈尼族文化，吸引众多游客前来观赏。这种将自然风光与人文景观相融合的方式，使游客在旅游过程中感悟到中华文化的博大精深，增强了文化自信。

2. 文化与旅游的深度融合，进一步创新中华文化

各地区、各部门积极响应国家号召，坚持用中华优秀传统文化、革命文化和社会主义先进文化培根铸魂，推动文化与旅游的深度融合。目前，一些地方尝试运用新的手段，通过精心打造体现文化内涵、人文精神的特色文化和旅游产品，为游客提供多元游玩体验，让游客在旅游中感悟中华文化，增强文化自信。例如，在安徽黄山西递夜游智慧旅游沉浸式体验新空间项目中，全息舞蹈秀、农耕互动体验、数字秋千水帘、波光喷泉等互动体验新场景通过科技赋能、文旅深度融合，为游客提供了多元游玩体验。

另外，各地区、各部门注重开发一些传统文化类景区，使得这类景区的数量持续增长，如浙江良渚遗址、四川三星堆遗址等，这些传统文化类景区是中华文明溯源的重要依据，展示了中华文化的源远流长和博大精深。这些创新实践一定程度上丰富了旅游产品的文化内涵，也促进了中华文化的传承与发展。

3. 旅游产业促进文化交流，提升国家文化软实力

旅游产业在加强对外交流合作和提升国家文化软实力方面发挥着积极作用。我国通过协调推动实施入境旅游便利化措施、与多个国家互办旅游年活动等途径，进一步促进了中外文化的交流与互鉴。

一些红色旅游景区，如中共一大纪念馆、西柏坡纪念馆等，成为游客弘扬革命文化、涵养家国情怀的生动课堂，吸引了大量国内外游客前来参观学习。此外，随着入境旅游的加快恢复，中国文化展示了其独特魅力和时代价值，进

一步吸引世界各地的游客。这充分体现了旅游产业对提升国家文化软实力的意义。

三、旅游产业的未来发展趋势

（一）旅游产业将成为民生产业、幸福产业

从经济层面看，随着我国居民收入的增加，旅游已经不再遥不可及，而是逐渐融入大众的日常生活，成为日常消费的一部分。这种转变使得旅游产业发展势头迅猛，成为推动经济增长的重要力量。伴随着旅游产业的进一步发展，其对国民经济的贡献也将进一步提升，从而成为民生产业。

从对提升民众生活品质的作用看，旅游不仅让人们暂时逃离日常工作、生活的烦恼，还让人们拓宽了视野，增长了见识。这种对美好生活的向往与追求，正是旅游产业作为幸福产业的体现。人们在旅游中可以看到大千世界，感受不同地域的文化魅力，体验不同的生活方式。这对愉悦身心有积极的作用。

未来，中国旅游产业将持续发展，满足人们对美好生活的向往。旅游产品与服务的内涵和外延将不断拓展，以更加精准地对接市场。这些都为大众提供了便利。

（二）旅游产业将成为助力乡村振兴战略的重要力量

在乡村振兴战略实施过程中，旅游产业以其独特的辐射效应，为农村经济注入了新的活力。特别是乡村旅游的兴起激活了农村经济的内生动力，推动产业结构的优化升级，还提高了农村居民的生活质量，成为乡村文化传承与创新的关键推手。

未来，旅游业与乡村振兴将深度融合。通过深耕乡村旅游、发展休闲农业、繁荣民宿经济等创新模式，旅游产业将引领农村经济走向更加多元化、特色化的发展之路。在这一过程中，乡村旅游将为农民提供增收的新渠道。同时，乡村旅游的蓬勃发展也将促进城乡文化的交流与融合，加速城乡一体化进

程，使城乡发展更加和谐。

（三）旅游产业将与多个产业深度融合

在科技进步与消费者需求多元化的今天，旅游产业已经打破了传统边界，与文化、教育、体育、娱乐、康养等多个产业紧密联系起来，进行深度融合。

新兴的旅游产品，如研学游、科普游、体育游等的出现正是这一趋势的表现。这些新的旅游产品大大丰富了游客的旅游体验，还能在途中实现知识的获得、身体的锻炼以及心灵的滋养。

未来，旅游产业供应链将实现深度整合与跨界融合，将呈现出一个更加开放、协同的生态系统。各行各业之间的资源将实现优化配置，共同推动旅游产品的迭代升级与服务品质的提升。

（四）旅游产业将迎来智慧旅游的转型升级

旅游产业将迎来智慧旅游的转型升级，这是数字化带来的必然结果。《文化和旅游部办公厅 工业和信息化部办公厅关于组织开展“5G＋智慧旅游”应用试点项目申报工作的通知》的发布，标志着旅游产业在数字化转型道路上迈出了重要的一步。未来，依托5G网络，旅游业将与人工智能、大数据等科技深度融合，为旅游景区、度假区注入更多的活力。

智慧旅游带来了旅游体验的提升，游客不仅能在其中体会到深厚的文化底蕴，还能享受到科技带来的便利。智能化手段可以进一步丰富旅游产品，满足游客个性化、多样化需求。

（五）休闲度假游将迎来新趋势

休闲度假游的新趋势反映了消费者对于旅游体验和需求的深刻变化，这些变化不但体现了人们对于旅游目的地的选择、旅游方式的偏好，也揭示了旅游动机的深层次转变。当前，休闲度假游将迎来以下四大新趋势。

1. 小众独特

随着旅游市场的日益成熟，消费者开始追求更加个性化、差异化的旅游体验。他们不再满足于传统的热门景点，而是更倾向于探索那些尚未被大众发掘的小众景点，以获得独特的旅游体验。有数据显示，“小众”和“冷门”相关的旅游搜索热度大幅上涨，显示出这一领域的未来发展潜力。旅游行业应关注这一变化，积极开发小众旅游资源，满足消费者的新需求。

2. 自在松弛

当前，放松和调整心态成为人们出游的主要动机，这反映了现代人在快节奏生活中对休闲和放松的渴望。随之而来的是人们旅游的“临时起意”，享受“无剧透的惊喜”。无目的的漫游、静下心来感受当地文化成为游客减压和提升体验的新方式。

3. 未知惊喜

消费者开始接受并享受旅途中的不确定性，将“未知惊喜”视为旅游的一部分。与过去追求面面俱到、不留遗憾的旅游方式相比，现在的消费者更注重享受旅程本身，对旅途中的意外之喜持开放态度。

4. 深度体验

随着旅游经历的丰富，消费者不再满足于单一的旅游方式，而是希望在当地深化多角度的体验，包括品鉴当地美食、参与当地活动、了解当地历史等。这反映出消费者对旅游体验的要求在不断提高。他们希望像本地人一样体验当地生活，深入了解当地的文化和风俗。

第三节 养老产业与旅游产业的耦合性分析

一、养老产业与旅游产业的耦合

（一）耦合

“耦合”一词原指物理学中两个或更多系统间通过相互作用而彼此影响的现象。其所描述的是各个系统之间通过物质、信息、能量的交换与制约，形成的相互促进、相互依赖的动态关联关系。产业耦合特指在资源、政策、市场、技术等要素驱动下，不同产业间相互影响、动态调整，形成紧密联动的发展模式。产业耦合能够实现资源共享、优势互补与协同创新。

（二）养老产业与旅游产业的耦合分析

通过分析养老产业以及旅游产业的发展概况，人们可以看到养老产业与旅游产业存在一定的耦合关系，且这种耦合是促进两大产业升级的重要形式，也是两大产业为民众生活服务的新途径。

1. 养老产业为旅游产业提供市场基础和发展空间

养老产业的蓬勃发展，为旅游产业提供了市场基础和发展空间，主要表现在以下三个方面。

首先，从市场规模来看，随着老年人口数量的持续攀升，养老产业市场规模迅速扩张，且保持年均高速增长态势。这一庞大的市场需求为旅游产业提供了强大的经济支撑，使得旅游产业在发展过程中拥有更多的资源和机会。

其次，养老产业范畴的不断拓展，为旅游产业的发展提供了丰富的内涵和可能性。养老服务、医疗保健、老年用品、老年旅游、老年教育等领域的全面发展，使得养老产业不再局限于传统的生活照料，而是向更加多元化、个性化的方向迈进。同时，老年旅游市场的定制化、品质化发展趋势，也为旅游产业在养老产业中的融入提供了更多的切入点和创新空间。

最后，老年人的消费观念和消费能力有了进一步提升。现在的老年人更加注重生活品质和精神追求，他们愿意为高品质的养老服务和旅游体验付费。这种消费观念的转变，为旅游产业提供了广阔的市场前景和盈利空间，也推动了旅游产业在开发老年项目中不断创新和提升质量。

2. 旅游产业为养老产业提供新的发展方向

（1）旅游产业开发出适合老年人的定制化、个性化的旅游产品。旅游产业根据老年人的旅游需求，积极开发更多适应老年人特点的旅游产品。这些产品在开发过程中充分考虑老年人的身体状况和特殊需求，同时融入了丰富的文化、历史、自然等元素，使老年人在旅游中既能得到身心的放松，又能拓宽视野、增长知识。当下，一些旅行社推出了专门针对老年人的“慢游”线路，以休闲、养生为主题，行程安排宽松，注重体验当地的文化和生活方式。还有针对老年人的康养旅游、乡村旅游等，这些都为老年人提供了多样化、个性化的旅游选择。

通过旅游，老年人可以适度缓解日常的孤独和寂寞，与同龄人一起分享快乐，增进友谊，从而感受生活的美好和多彩。这也为旅游产业与养老产业的耦合提供了一定的条件。

（2）旅游产业的服务体验提升老年人的生活心智和幸福感。当下，旅游产业注重服务体验和个性化需求，这种服务理念与养老产业的目标不谋而合。在养老服务中融入旅游元素，可以让老年人在享受旅游的同时，感受到更多的关爱和尊重。例如，一些养老机构会组织老年人参加短途旅游或户外活动，让他们在自然环境中放松心情，享受大自然的恩赐。这些活动不仅有助于老年人的身体健康，还能提升他们的心理健康。

旅游过程中的服务体验，如专业的导游服务、舒适的住宿环境、美味的菜肴等，都能让老年人感受到生活的便利和舒适。这种愉悦的体验会激发他们的生活热情，提升他们的幸福感。同时，旅游中的新鲜事物和不同文化也会刺激老年人的大脑，提高他们的认知能力和思维能力，有助于延缓大脑衰老，保持心智活力。

以上两点充分说明养老产业与旅游产业的耦合是一种具有广阔前景的新型产业模式。利用双方的资源和服务优势，可以满足老年人的多元化需求，这一耦合将为养老产业和旅游产业的发展带来新的增长点。

二、养老产业与旅游产业耦合发展的内涵

养老产业与旅游产业耦合发展指的是养老产业与旅游产业在相互关联、相互促进的基础上形成的一种协同发展模式。其内涵主要表现在以下几个方面。

（一）资源共享与优势互补

养老产业与旅游产业的耦合形成了资源上的共享。首先，养老产业拥有专业的服务团队和设施，而旅游产业则拥有丰富的旅游资源和市场渠道。两者的结合使得两个产业实现了资源共享，体现为住宿、餐饮、交通等基础设施的共享，这在一定程度上降低了各自领域的建设和运营成本。其次，养老产业可以借助旅游产业的市场渠道，拓展其服务范围，进一步提高服务质量；旅游产业可以依托养老产业的专业服务，提升旅游产品的附加值，实现旅游产品的升级。

（二）供求的匹配

随着老龄化社会的到来，老年群体对旅游和养老服务的需求日益增长，这类群体希望得到高品质的养老服务，他们也有体验不同文化与风景的需求。养老产业与旅游产业的耦合可以更好地满足这类群体的需求，从而开发出更多符合老年人需求的旅游产品和服务，如针对老年客户定制专门的旅游线路，提供

专属的养老服务等。

（三）在服务内容上注重整合和创新

养老产业和旅游产业可以在服务内容上实现整合。经过整合之后，养老服务可以嵌入旅游行程中，为老年人提供旅游、休闲、康养等一体化服务。同时，养老产业也可以借鉴旅游产业的优质服务理念及标准，提升养老产业的服务水平，为老年人提供舒适、便捷的生活体验。

三、养老产业与旅游产业耦合发展的特点

（一）互动性

养老产业与旅游产业耦合发展具有互动性特点，主要表现在以下两个方面。

首先，养老产业与旅游产业耦合发展使得服务内容实现互补。养老机构主要为老年人提供全方位的生活照料和医疗护理服务，可以确保老年人的基本生活需求得到满足。另外，许多养老机构还提供各种康复服务，帮助老年人进行身体锻炼和康复训练。旅游产业主要为游客提供旅游线路设计和酒店预订等服务，可以确保游客的行程顺利和舒适。二者的结合实现了双方资源和服务的整合，从而为老年群体提供更加丰富和多元化的服务体验。比如，养老机构可以结合当地的旅游资源，为老年人提供具有特色的旅游线路和活动，而旅行社也可以借助养老机构的设施和服务拓展业务范围和客源市场。

其次，养老产业与旅游产业耦合发展使得目标群体归于一致。二者的耦合发展使得中高龄老人成为养老产业和旅游产业的共同目标客户。这些客户有一定的经济实力和消费能力，对养老服务和居住环境有一定的要求。目标客户的一致让两大产业有了更多的互动性，具体表现为各种资源和优势可以实现转化，促进更高品质和更具个性化的服务的产生，从而更好地满足老年人的实际需求。

（二）协同性

1. 产业间的功能协同

养老产业主要关注老年人的居住、医疗、护理、康复等方面，而旅游产业则侧重于提供旅游服务、文化体验、休闲娱乐等服务。这两个产业耦合发展可以促进二者功能的相互补充，形成完整的旅居养老服务体系。例如，养老机构可以提供专业的医疗、护理和康复服务，而旅游企业则可以提供旅游线路设计、酒店预订、导游服务等，两者结合可以为老年人提供全方位的旅居养老服务。

2. 资源利用的协同

养老产业和旅游产业都拥有各自的资源，养老机构拥有医疗设施、护理团队的资源，旅游产业的自然景观、文化遗址、酒店住宿等资源丰富。通过协同发展，两大产业的资源可以得到更有效的利用。养老机构可以利用旅游产业的自然景观和文化遗址，为老年人提供更加丰富多样的户外活动和文化体验；同时，旅游产业也可以借助养老机构的医疗设施和护理团队提升旅游服务的质量和安全性。

3. 政策与法规的协同

政府在推动养老产业与旅游产业深度耦合发展方面发挥着重要作用。养老产业与旅游产业的协同发展，可以促进政府制定相关政策和法规，如提供财政补贴、税收优惠、土地支持等，这样可以鼓励社会资本投入该领域。同时，两大产业的深入耦合，还可以促进政府监管力度的提升，确保服务质量和安全标准，为老年人提供更加可靠和优质的旅居养老服务。

4. 技术与创新的协同

随着科技的不断发展，养老产业与旅游产业也在不断探索新的技术和创新模式。两大产业的协同发展可以实现技术和创新的共享与交流。两大产业可以运用智能穿戴设备、大数据、云计算等先进技术，提高服务效率和质量；也可以共同开发新的服务模式和产品，如线上预约、智能导览、虚拟现实体验等，为老年人提供更加便捷和丰富的旅居养老体验。

（三）动态性

养老产业与旅游产业的耦合发展具有动态性特征，主要表现在以下几个方面。

1. 市场供求方面的动态性

随着人口老龄化程度的加深，加上人们消费观念的转变，老年群体在养老服务以及旅游体验方面的需求不断加大，且这些需求随着时代的发展而发生变化。面对市场需求的变化，养老产业和旅游产业在合作过程中，需要围绕这些变化进行资源整合，创新产品和服务模式，以满足市场需求。

2. 技术与应用方面的动态性

随着科技的不断发展，智能技术、大数据等新兴技术在养老产业与旅游产业中的应用越来越广泛，因此养老产业与旅游产业的耦合发展具有动态性。

未来技术创新在养老产业与旅游产业应用上将不断深化，从而更好地推动养老产业与旅游产业的耦合发展。比如，人们利用智能技术可以进行健康监测和管理，利用大数据可以分析市场需求和消费者行为。

3. 产业模式的动态性

养老产业与旅游产业在耦合发展过程中将会出现越来越多新的融合模式，这些模式需要根据市场需求、资源条件等因素进行不断调整和创新，这在一定程度上体现了动态性。融合模式的不断深入让养老产业与旅游产业的跨界合作越来越频繁，进一步促进了二者在发展中的耦合。

第二章
相关理论

养老产业与旅游产业的耦合发展有着一定的理论依据，在众多指导养老产业与旅游产业耦合发展的理论中，生态经济理论、可持续发展理论、耦合理论最为重要。

第一节　生态经济理论

20 世纪 60 年代，工业化和城市化的快速发展带来了一些环境问题，这些环境问题如果不加以遏制，会造成生态破坏，不仅影响当代人的生活条件，也会影响子孙后代。与之相对应的是现代生态保护意识的萌芽和发展，许多学者、有识之士开始为环境的可持续发展奔走呼号，寻求环境友好型的经济发展模式。

一、生态经济理论的概念

生态经济理论是一个综合性的学科领域，它融合了生态学和经济学的核心观点与研究方法，是科学的理论。

生态经济理论可以定义为研究大自然发展与人类发展的关系的一门学问，它不仅仅局限在经济或者生态视角，而是将二者视为一个相互依存、相互影响的整体，强调关注经济系统与生态系统之间的关系，探讨如何在保护生态环境的同时实现经济的可持续发展。

二、生态经济理论的发展历程

（一）生态经济理论的产生

20 世纪 60 年代末，美国经济学家博尔丁（K. Boulding）提出了“生态经济学”的概念。

1972 年，美国经济学家梅多斯（D. Meadows）就经济发展方式问题发表了著名的《增长的极限》，在世界范围内产生了强烈的反响。

四年后，也就是1976年，日本学者坂本藤良出版了《生态经济学》，这是第一本生态经济学著作。

（二）生态经济学的发展

20世纪70年代末到80年代末，生态经济理论有了巨大的发展，这一时期，生态经济学成为一门独立的学科。

1. 全球范围内的大讨论与学科的形成

随着全球资源紧张、环境恶化等问题的凸显，关于资源、环境与发展关系的讨论在全世界范围内展开。经济学家、社会学家、环境学家、生态学家等都参与了广泛的讨论。

在这场讨论中，学者们的观点逐渐分化成以下三个主要流派。

（1）悲观派。以罗马俱乐部为代表，该派强调经济与人口的增长是生态危机的主要根源，认为增长存在上限，主张限制增长以保护生态环境。

（2）乐观派。以美国未来研究所所长卡恩（H. Kahn）为代表。卡恩认为人类正处在从贫困向富裕过渡的关键时期，经济增长是实现这一转变的必要条件，因此他主张保持经济的持续增长。

（3）中间派。这一派持中立态度，既不完全悲观，也不盲目乐观，而是基于现实情况分析和解决问题。

2. 生态经济理论的提出与学科建立

经过一段时间的大讨论，生态经济理论逐渐成形。其目的是平衡经济发展与生态环境保护，解决人类面临的严峻环境问题。

20世纪80年代后，生态经济学被全世界所重视，最终形成了一门独立的学科。1985年，《生态经济》杂志开始编辑出版，成为生态经济学领域的重要学术刊物，推动了生态经济理论的传播与研究。

生态经济学引入中国是在20世纪80年代初。我国经济学家许涤新非常重视中国生态经济的发展，指出："人类为了生存，为了发展，是不可能离开一定的自然条件，是不可能离开一定的环境体系的。”此外，他还主持了第一次中国生态经济讨论会，并在讨论会结束之后出版了关于“生态平衡”的生态经济学论文集，这标志着中国生态经济学的建立。

（三）生态经济理论的日趋成熟

从20世纪90年代初期到20世纪90年代中期，西方学者基于可持续发展的理论，开始深入探索自然资本的相关问题，并将其纳入生态经济理论框架，这为生态经济理论注入了新的活力，使得生态经济学成为一个研究热点。

1992年，联合国环境与发展大会在巴西里约热内卢召开，这标志着全球可持续发展时代的到来。会议通过了《里约环境与发展宣言》《21世纪议程》等重要文件，这些文件为全球的可持续发展提供了方向。

美国经济学家布朗（L. Brown）于2011年提出经济系统是生态系统子系统的观点，这一创新思想在生态经济学界引起了巨大反响，为人们提供了全新的视角来审视经济与环境的关系。

这一时期，生态系统服务理论也开始兴起，这一理论为生态经济学的研究带来了新的突破，主要表现为这一理论是生态经济学从定性分析向定量分析转变，提升了其理论的可检验性，增强了生态经济理论的应用价值。

而在这一段时间里，西方的生态经济理论不断发展，并呈现多元化的特征。主流学派从生态经济协调发展论逐渐转变为生态经济可持续发展论，强调经济与生态的和谐共生及长远发展。

在这一阶段，我国研究生态经济学的学者非常重视发展与环境的关系，主张发展生态经济，实现生态环境的可持续发展。目前，我国的生态经济学理论在不断深化，同时生态经济学理论与我国的发展实际相结合，促进了我国经济在保持良好生态环境前提下的可持续发展。

二、生态经济学的基本观点

（一）生态系统具有可再生性

生态系统具有可再生性，这一特性使其具有强大的自我调节能力和弹性机制。强大的自我调节能力表现为当遇到外部冲击时，生态系统能凭借自身的恢复能力维持平衡，确保功能的完好、结构的完整。但人类需要坚守生态系统的界限，不能超过生态系统的自我调节阈值。弹性机制表现为，生态系统在受扰后能迅速回归常态，这是生态系统可再生的核心动力。一般而言，弹性越强，生态系统越能抵御干扰，越能快速恢复。

（二）生态系统具有可修复性

生态系统的可修复性源于生态系统内在的稳定性。人类由于不恰当的活动，会削弱生态环境的承载力，但生态系统并不是一触即溃的，只要外界的干扰没有超过可修复阈值，生态系统可以凭借强大的稳定性，促使受损的生态环境又回归到平衡态。稳定性是生态系统的基石，它确保了生态系统在面临挑战时能迅速调整，自我修复。

（三）生态系统的承载力具有递增性

生态系统的承载力并不是一成不变的，而是具有递增性的。这一特性与人类社会发展进程有着密切的关系。人类对资源利用效率的提升，以及技术的创新，也让生态系统的承载力得到提升。当然这些承载力的提升也与经济机制的完善与法律制度的健全有密切的关系，其中经济机制的完善为资源的合理配置和高效利用提供了支撑，法律制度的健全为生态系统承载力的提升奠定了坚实的基础。

三、养老产业与旅游产业耦合发展所体现的生态经济理论

（一）资源的高效利用与循环利用

养老产业与旅游产业耦合可以实现资源的高效利用与循环利用。在养老项目的规划与开发过程中，许多旅游度假区都非常重视对当地自然资源的保护与可持续发展，科学规划，适度开发，从而确保资源的最大化利用。同时，养老产业与旅游产业耦合发展还推动了资源的循环利用。在旅游过程中，游客的流动与消费往往会产生大量的垃圾，这些垃圾如果不进行妥善处理，将会造成环境污染。在发展中，专业的处理和技术转化，可以将这些垃圾变成养老产业中的生物质能，从而为养老设施提供清洁的能源供应。以上都体现了生态经济的相关理论。

（二）生态环境的保护与修复

养老产业与旅游产业的耦合发展可以实现经济的增长，同时高度重视对生态环境的保护与修复。在旅游开发过程中，保护自然景观和生物多样性是必须遵守的基本准则。旅游活动融入生态环境保护理念，可以确保旅游发展与环境保护相协调。

生态环境的修复同样是养老产业与旅游产业耦合发展需要解决的问题。人们通过设计生态旅游活动让游客获得独特的旅游体验，还能引导游客参与生态修复行动。在养老产业与旅游产业的双重推动下，生态环境能得到一定程度的保护与修复，有的地区甚至能得到显著的提升。

（三）经济与生态的和谐发展

养老产业与旅游产业的耦合发展不能以牺牲生态环境为代价，而应在保护生态环境过程中发展，在发展过程中保护生态环境。

养老产业与旅游产业的耦合发展，可以实现养老与旅游在资源上的共享，如自然景观、文化遗址等可以满足老年人对舒适居住环境的需求，还能吸引游

客前来观光体验，从而实现资源利用的最大化。近几年来，养老产业、旅游产业相继推出绿色旅游、生态养老等项目，在一定程度上减少了对环境的破坏，从而维护了生态平衡。

更为重要的是，养老产业与旅游产业的耦合发展建立了一条生态经济产业链，包含从产品开发到服务提供，再到废弃物处理等各个环节，形成了一个良性循环的生态系统。

第二节 可持续发展理论

可持续发展理论是人类在20世纪提出的一种新的发展理论，是人类在长期社会实践过程中不断转变思维方式和寻求自身发展道路所做出的选择。

一、可持续发展理论的提出

在工业化进程中，人类在追求物质财富的同时，对自然界的破坏造成了经济与生态、社会与环境的割裂，人类与自然的关系日益紧张。面对这一现实，越来越多的有识之士认识到人与自然和谐共生的重要性，并做出了各种努力。可持续发展理论的提出过程如表2-1所示。

表2-1 可持续发展理论的提出过程

时 间	事 件
1972年	联合国在瑞典斯德哥尔摩召开人类环境会议，通过了《人类环境宣言》，提出了“只有一个地球”的口号

续表

时间	事件
1987 年	“可持续发展”概念最早是由布伦特兰（G. Brundland）夫人在报告《我们共同的未来》中提出的。该报告认为，经济与环境是可以相互协调的；传统的经济增长模式应当改革，新的发展战略应当建立在可持续的环境资源基础之上
1987 年	世界环境与发展委员会把历经四年研究和论证的报告《我们共同的未来》提交给联合国大会，报告正式提出了可持续发展的模式。报告还指出，当代存在的发展危机、能源危机、环境危机都不是孤立发生的，而是传统发展战略造成的。要解决人类面临的各种危机，只有改变传统的发展方式，实施可持续发展战略
1992 年	联合国在巴西里约热内卢召开环境与发展大会，共 183 个国家代表团参加，102 位国家元首或政府首脑到会讲话。大会通过了《里约环境与发展宣言》《21 世纪议程》《关于森林问题的原则声明》《生物多样性公约》等，将可持续发展由概念、理论推向行动

1992 年联合国环境与发展大会后，党中央、国务院明确提出将实施可持续发展战略。1994 年，我国发表《中国 21 世纪议程——中国 21 世纪人口、环境与发展白皮书》，提出可持续发展的总体战略、对策和行动方案。党的十五大和 1998 年 3 月召开的九届全国人大一次会议，都将实施可持续发展战略作为我国跨世纪发展的重要任务，坚持保护环境的基本国策，正确处理经济发展同人口、资源、环境的关系。

二、可持续发展的定义及观点

（一）可持续发展的定义

“可持续发展”从字面上看，包含“可持续”和“发展”两个方面，“可持续”是从生态学来的，特别是在林业与渔业管理中产生了可持续战略，即合理开采一部分资源，同时保留足够部分以促进其自然再生，确保资源的长期可利用性。可持续概念随后被运用于经济学、社会学等领域，它强调资源的永续利用，确保在满足当代人需求的同时不牺牲后代人的利益。

“发展”一词的内涵超越了单纯的经济增长，不仅强调产值提升、利润增长、财富积累，还紧扣经济发展与社会进步，所以，“发展”一词的概念进一步扩展，体现为在经济增长的同时促进社会变革。在这种观点指导下，人类获得了最大的经济效益，但它以牺牲环境为代价，导致人类面临生存危机。

事实上，人类的发展受多重因素的制约，包括经济因素、社会因素、自然环境承载力等。只有人类活动保持在生态系统可承受的范围内，才能避免对自然造成伤害。所以，可持续发展的本质在于平衡，即平衡经济增长、社会进步、自然生态环境保护这三者的关系，所以可持续发展实际上需要实现经济的增长、社会的变革以及生态环境的保护，三者缺一不可。这也实现了人与自然的和谐相处，也让经济社会的发展与生态环境实现了平衡。

关于可持续发展的定义，比较权威的是1987年布伦兰特夫人给出的定义："既满足当代人的需求，又不构成危及后代人满足需求的能力的发展。"这一定义包含着两层含义：首先是需求，尤其要优先考虑满足世界上贫困人口的基本需求。其次是限制，也就是技术状况和社会组织对环境满足人类眼前和将来需要能力的限制。由以上定义可以看出，“可持续发展”中的“发展”是一个综合性的概念，这一概念不仅包括经济的增长、社会的变化，还包括资源、环境等因素。这一定义也强调了可持续发展的目的是满足人的基本需求。

（二）可持续发展的基本观点

1. 可持续性观点

可持续性观点主要强调的是，人类的发展必须兼顾当前与长远、局部与全局的利益。可持续性观点认为，地球是人类共同的家园，其资源是有限的，基于这个原因，人类的发展不能无限制地索取和破坏，要做到横向平衡与纵向平衡。

横向平衡要求中国在全球范围内寻求共同平衡发展，确保各地区的发展不以牺牲其他地区的利益为代价。

纵向平衡强调要为子孙后代留下足够的发展空间，不能因为当代人的过度消耗而危及后代人的生存与发展。

为了实现可持续发展的目标，人们需要转变原来的观念，将资源与环境视为有限的财富，在实际的发展中要考虑环境的承受能力，并治理和重建已经受损的环境，保持其稳定性和平衡性，以实现资源的可持续利用。

2. 共同性观点

人类共同的家园是地球，地球的完整性以及人类的相互依赖性这两个方面决定了人类有着共同的根本利益。无论是横向还是纵向都体现着共同性特点。

从横向看，共同性表现为地球是一个整体，其中的大气圈、水圈、生物圈等各个部分之间是相互关联、相互影响的。人类作为地球生态系统的一部分，需要呼吸空气、喝水，依赖生物资源。因此，任何环境污染或者生态破坏都会对整个地球生态系统造成影响，并会威胁到人类的健康和福祉。

从纵向看，共同性表现为不同代际的人之间的公平与责任。地球上的资源是有限的，是人类赖以生存和发展的基础。如果当代人不珍惜这些资源的话，后代将难以生存和发展。所以，可持续发展要求人们在满足当代人需求的同时，考虑后代人的需求和利益，这样才能实现资源的可持续利用和环境的可持续保护。

3. 公平性观点

可持续发展的公平性观点强调代内与代际的利益均衡。代内均衡意味着同一时代的人应平等享有资源与环境，以实现共同发展。鉴于全球经济发展不均衡，资源分配存在差异，发达国家的高消费模式往往剥夺了发展中国家公平利用资源的机会。所以，实现代内公平需要全世界的共同努力，尽量减少资源浪费，控制污染，让发展成果惠及全人类。

代际公平所关注的是当代与后代之间的资源权益。地球资源有限，当代人不能过度开采，这样会损害后代人的利益。当代人应当以负责任的态度使用资源，爱护环境，确保后代也能享有充足的资源，享有良好的生态环境。

三、可持续发展理论的内涵

可持续发展理论的内涵十分丰富，其要点主要包括以下几个方面。

（一）可持续发展的目标

可持续发展的目标是既保证经济高速发展，又保护生态环境，使社会资源同生态环境实现良性循环。也就是说，人类在发展过程中不仅要安排好当期的发展，又要为子孙后代着想，为未来发展创造良好的条件。可持续发展追求经济的高速发展，但这并非盲目追求短期经济增长，而是在保持经济增长的同时，注重经济结构的优化和产业升级，提高资源利用效率，减少浪费和污染，通过科技创新和绿色技术的应用，推动经济向低碳、环保、高效的方向转型。另外，可持续发展强调生态环境的保护。在经济发展过程中，我国必须充分考虑生态环境的承载能力，避免过度开发和破坏自然环境。我国应通过加强环境监管，实施生态修复工程等措施，维护生态系统的稳定性和多样性，为人类社会提供可持续的生态服务。

（二）可持续发展的体系

可持续发展是社会与自然关系的变革，我国需要以保护资源与环境为前提对各方面进行改革创新，建立可持续发展的体系。这一体系应该涵盖经济、社会、环境等多个方面，确保各方面在发展过程中相互协调、相互促进。在经济层面，要推动绿色、低碳、循环的发展模式；在社会层面，要注重建立公平、正义、和谐的社会关系；在环境层面，要加强生态保护、环境治理和资源节约。

建立可持续发展的体系还需要政府、企业、公众等各方共同努力，形成合力。政府要制定相关政策，企业要承担社会责任，公众要提高环保意识，共同推动可持续发展目标的实现。

（三）可持续发展的过程

可持续发展是一个长期且复杂的过程，在整个发展过程中我国需要协调好人口、资源、环境、社会及经济发展间的关系。人口的增长必须与资源的承载能力和环境的容纳量相匹配，避免过度消耗和破坏。资源的开发利用要遵循节约、高效、循环的原则，确保资源的可持续利用。环境的保护是可持续发展的基石，必须加强环境治理，减少污染，保护生态系统的稳定性和多样性。社会的发展和经济的进步也要协调，经济发展不能牺牲社会公平和正义，社会发展也不能滞后于经济发展的步伐。在推动经济发展的同时，我国应注重提高人民的生活水平，促进社会和谐稳定。

（四）可持续发展的思想

可持续发展是一种注重长远利益的发展理念，理想目标的实现要求人的思想观念有所转变，树立环境保护意识和生态观念，提倡节约，反对浪费，特别要克服发展中片面追求经济增长的思想，防止以牺牲环境为代价换取暂时的经济增长。

（五）可持续发展的原理

可持续发展的原理主要体现在以下三个方面。

1. 强调社会公平

可持续发展的目标是要满足所有人的基本需求，向所有人提供实现美好生活愿望的机会。社会要从提高生产潜力、确保每个人都有平等的机会两方面满足人民需要。

2. 强调发展与环境的统一

社会经济发展同资源环境统筹安排是可持续发展的基本原则。社会经济发展与资源环境并非各自孤立存在的，而是相互依存、相互促进的关系。我国在追求经济增长的同时，必须充分考虑资源环境的承载能力和可持续性，将两者统筹安排，实现经济效益与生态效益的双赢。在发展过程中，我国需要摒弃以往“先发展后治理”的老路，走出一条绿色发展、低碳发展的新路子。只有坚持发展与环境的统一，才能确保人类社会的长远发展，为子孙后代留下一个天蓝、地绿、水清的美好家园。

3. 强调生态与经济的协调发展

经济是社会发展的基础，所以我国要以经济建设为中心。生态涉及人类社会和生命系统同自然环境的关系，解决环境与发展的问题就必须首先解决好生态与经济的协调发展问题。

四、可持续发展的基本原则

（一）公平性原则

公平性指的是机会选择的平等性。可持续发展所追求的公平性主要包括以下两层含义。

1. 当代人的公平

当代人的公平也称为横向公平性，它意味着在可持续发展框架下，所有人无论地域、种族、性别、经济状况，都应享有平等的机会来满足其基本生活需求和追求更高生活质量的愿望。公平性直接挑战了当前全球资源分配不均的现状。当前，发达国家消耗了全球大部分资源，而广大发展中国家和地区却面临资源匮乏的困境。这种不公平的资源分配模式显然违背了可持续发展的初衷，不仅加剧了贫富差距，还剥夺了许多人实现基本生活和发展权利的机会。因此，实现当代人的公平，要求国际社会共同努力，通过政策调整、技术转移、资金支持等手段，促进资源的合理分配，消除贫困，确保每个人都能享受到发展的成果。

2. 代际的公平

代际的公平也称为纵向公平性，它强调人类活动不应损害子孙后代的利益。自然资源是人类生存和发展的基础，其有限性要求人类必须以一种负责任的态度利用这些资源。当代人在享受资源带来的便利时，必须考虑到子孙后代同样有权享受这些资源带来的福祉。这意味着人类需要采取可持续的生产和消费模式，减少对自然资源的过度开采和对环境的破坏，确保绿色发展，为后代留下一个健康、宜居的地球。

可持续发展的公平性原则要求人类在决策和行动中综合考虑当代人与后代人的需求和利益，要求人类在经济发展、社会进步和环境保护之间找到平衡点，确保当前的发展不会牺牲后代人的利益。从伦理角度来看，这一原则体现了对人类共同未来的责任感和道德担当。它要求人类不仅关注眼前的利益，还要以长远的眼光看待发展问题，将人类视为一个连续不断的整体，而非孤立的一代又一代。

（二）持续性原则

可持续发展需要坚持持续性原则，且持续性原则是可持续发展战略的核心。持续性原则强调人类经济建设与社会发展需要考虑自然资源与生态环境的承载能力。资源与环境是人类赖以生存的基础，生态系统的可持续性对人类发展来说至关重要。可持续发展倡导在保护自然系统的基础上开发自然资源，也就是说发展需要考虑自然资源的临界点，需要维持生态系统的稳定性。

在实际的生活中，人类需要调整生活方式，树立节约环保意识，确保消耗标准在生态可承受范围之内。在生产上，人类需要不断地进行科技创新和成果转化，实现资源的高效利用，从而构建环境友好型社会。只有这样，才能确保人类与自然的和谐发展，实现经济、社会与环境的长期可持续发展。

（三）共同性原则

可持续发展需要坚持共同性原则。共同性原则强调在全球化背景下的共同性。世界各国虽然在历史、文化、发展水平上存在差异，但在追求可持续发展之路上应当遵循共同性原则。

共同性原则让人类认识到地球的整体性以及各国之间的相互依赖性，倡导世界各国联合起来，共同应对人类面临的环境保护与可持续发展方面的挑战。共同性原则要求每个人、每个国家在考虑自身发展的同时，应当兼顾他人，兼顾他国，兼顾生态环境以及对后代人的影响，这体现了全球视野。

坚持可持续发展需要坚持公平性原则、持续性原则、共同性原则。要实现全球范围内的可持续发展，世界各国必须共同遵守这些原则，从整体上考虑发展问题。

五、养老产业与旅游产业耦合发展所体现的可持续发展理论

（一）资源合理利用与环境保护

养老产业与旅游产业耦合发展首先表现为资源的合理利用，其中包括对自然资源和人文资源的整合与高效利用。人们通过对自然资源与人文资源的规划利用，让这些资源在养老产业和旅游产业中发挥应有的价值，可以避免资源浪费与过度开发。

除了资源合理利用之外，养老产业与旅游产业耦合发展非常注重环境保护。旅游活动可能导致过度开发，还会产生很多垃圾，对环境造成一定的负面影响。而养老产业与旅游产业耦合发展采取减少碳排放、节约水资源、保护野生动植物等举措，使旅游活动与生态环境实现了和谐共生。

（二）经济的可持续发展

养老产业与旅游产业的耦合发展能促进当地经济的可持续发展，主要表现为两大产业的耦合发展可以创造新的经济增长点，从而提高当地居民的收入，促进经济结构的优化与升级。

此外，养老产业与旅游产业耦合发展还能形成长期稳定的盈利模式，实现

经济的可持续发展。比如，养老社区可以通过提供旅游服务来增加收入。

（三）社会的和谐与进步

养老产业与旅游产业的耦合发展可以满足消费者的多元化需求。随着人口老龄化趋势的加剧，老年人对养老服务以及旅游体验的需求变多，且要求也不断提升。养老产业与旅游产业耦合发展可以给老年群体提供更加多样化、个性化的产品和服务，满足老年人的个性化需求。而老年群体得到妥善安置将有利于社会和谐与进步。

第三节　耦合理论与产业融合理论

一、耦合理论

何为耦合理论？“耦合”一词源于物理学，指的是两个或两个以上的系统之间物质、能量及信息的交互作用及融合过程。耦合理论后来被引入社会学、经济学、金融学、人口与资源环境等多个领域，成为分析复杂系统的重要工具。

耦合是不同系统之间因相互关联而产生的融合。当条件及参量满足时，系统之间会建立一种联系，这种联系让系统之间各要素相互作用、相互影响。这些作用和影响不仅体现在系统间物质、能量、信息的交换上，还体现在它们能进一步形成新的结构和功能，衍生出更高层次的系统。

衡量系统间耦合程度的重要指标是耦合协调度，耦合协调度反映的是不同系统之间相互促进、共同发展的程度。构建耦合协调模式可以计算两个或两个以上产业、系统之间的耦合协调度。耦合协调度较高，表明这些系统之间形成了良好的互动关系，能相互促进，共同发展。反之，耦合协调度低，表明这些系统之间相互作用较弱，可能存在协调不畅或者发展失衡的问题。随着系统能力的增强，不同系统之间的结构在功能上将出现交集。这些交集并不是简单地将各个系统相加，而是在原来的基础上产生更高级的系统，促进系统的整体效能的提升，这就是耦合的意义所在。

近几年来，“耦合”概念运用于自然科学领域或社会科学领域，形成了耦合理论。该理论关注两个或两个以上具有复杂关系的系统如何通过持续的相互作用与影响而融合为一个新的整体系统。在耦合系统之中，物流、能量流、信息流交织在一起，形成紧密的网络，共同推动系统的动态发展。耦合理论正是对其中的协调、反馈及发展激励机制的研究成果。

在产业经济学中，耦合概念可以用来分析不同产业间的相互关系、市场行为以及市场绩效的动态关联现象。耦合度作为衡量系统或要素间相互作用的重要指标，其大小直接反映了协调程度与协同效应的强弱。在系统耦合体系中，耦合作用不仅决定了系统的发展趋势和结构特征，还促使系统呈现出熵减的积极态势。

下面根据耦合理论，聚焦养老产业与旅游产业两个子系统，深入探索两大产业之间如何通过良性互动实现相互依赖、相互协调与相互促进，最终形成一个紧密联系的耦合系统。

二、产业融合理论

（一）产业融合的定义

1963 年，美国学者罗森伯格（N. Rosenberg）在研究美国机器工具产业时发现，同一项技术会向不同的产业扩散，由此提出了产业融合理论。

约菲（D. Yoffie）提出了数字技术让原本独立发展的产品之间出现了协同

发展的现象，使得产品特性出现融合。[①]

拉詹（R. Rajan）和津盖尔斯（L. Zingales）揭示了媒体领域产业融合的本质，认为其本质是数字技术的普及及创造性改变了媒体的传播方式，改变了通信服务手段，让声音、图像、数字信息等可以通过众多网络同时传送和推广。[②]

然而随着经济的发展以及产业的升级，产业融合的范围不断扩大，它突破信息产业领域和技术融合，拓展到其他产业领域，并促进第一产业、第二产业、第三产业之间的大融合。最初流行的各种旅游，如工业遗产旅游、邮轮旅游、农业旅游、乡村旅游多是以第一产业、第二产业的自然资源与工业资源为基础，之后以文化、创意为灵魂的第三产业融入旅游中，实现了产业之间的融合，使得新业态得以形成。

中国学者马健通过总结西方学者关于产业融合的理论、特征及规律，对产业融合的内涵进行阐述，即“由于技术进步和放松管制，发生在产业边界和交叉处的技术融合，改变了原有产业产品的特征和市场需求，导致产业的企业之间竞争合作关系发生改变，从而导致产业界限的模糊化甚至重划产业界限”[③]。

（二）产业融合的类型

关于产业融合的类型，不同的学者从不同的方面对产业融合进行了划分，如表 2–2 所示。

①YOFFIE D B. Competing in the age of digital convergence[J]. California Management Review, 1996, 38（4）: 31–53.

②RAJAN R G, ZINGALES L. The tyranny of inequality[J]. Journal of Public Economics, 2000, 76（3）: 521–558.

③ 马健. 产业融合理论研究评述[J]. 经济学动态，2002（5）: 78–81.

表 2-2　产业融合的类型

标准划分	类　型	具体内容
按照产品或产业的性质分类	替代性融合	一项技术替代另一项技术时产生的融合
	互补性融合	两项技术共同使用比各自单独使用更好的融合
按照产业融合演化的方向分类	供给性融合	用相同或相似的技术生产不同的产品，也就是供给端体验到的融合
	需求性融合	用不同的技术提供替代性或互补性产品，也就是需求端体验到的融合
按照产品或产业性质、产业融合演化的方向分类	需求替代性融合	强调需求变化和商业模式创新对产业替代性、互补性融合的影响
	需求互补性融合	
	供给替代性融合	强调技术进步对产业替代性、互补性融合的影响
	供给互补性融合	
按照产业融合的过程分类	功能融合	顾客感受到两个产品在功能上具有替代性或互补性
	机构融合	企业感受到两个产业的产品之间存在联系，并生产、销售这两大产业的产品
按照融合技术的新奇性程度分类	应用融合	两项以上的已有技术进行融合
	横向融合	两项或者两项以上的已有技术与两项或两项以上的新技术进行融合
	潜在融合	两种或者两种以上的新技术结合产生更新的技术

（三）产业融合过程

产业融合的过程主要包括三个阶段，如图 2-1 所示。

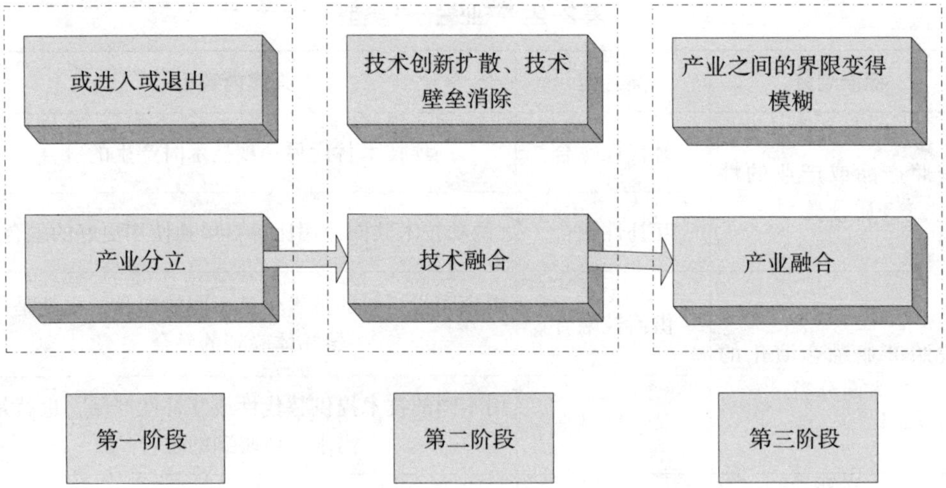

图 2-1　产业融合的过程

1. 第一阶段：不同产业走向分立

在这一阶段，两个不同的产业开始走向分立，也就是产业之间有了各自的边界，最终产业或进入或退出。

2. 第二阶段：由分立走向融合

技术创新使得不同产业之间出现技术融合，技术融合一步步地消除了产业之间的技术壁垒，让不同产业有了共同的技术支持。因此，在这一阶段，产业由分立走向融合。

3. 第三阶段：产业融合

在这一阶段，原先分立的产业因为有了共同的技术支持，开始为消费者提供共同或者相似的产品，使得产业之间的界限变得模糊，产业融合的趋势开始形成。

（四）养老产业与旅游产业融合发展所体现的产业融合理论

养老产业与旅游产业的融合发展，是产业融合理论在实践中的一个生动体现。这种融合不仅促进了两个产业间的资源共享、优势互补，还催生了新的业态和服务模式，满足了市场多元化、个性化的需求。

1. 需求融合

养老产业与旅游产业为有休闲、健康、社交需求的群体提供服务，其中老年群体是两大产业的目标人群。随着老龄化社会的到来，老年群体的旅游和养老方面的需求日益增长，这一背景为两大产业的融合提供了市场基础。

如今，老年群体对旅游的要求不再局限于传统的观光游，而是注重旅游过程中的体验，强调健康性、社交性、文化性。这种需求让旅游产业向养老产业渗透，实现两者的深入融合。

2. 资源与服务融合

在资源与服务融合方面，养老机构与旅游景点可以开展基础设施、人力资源、服务网络方面的共享。一方面，养老机构可以利用自身的医疗、护理资源为老年游客提供健康保障；另一方面，旅游景点也可以开发更多的供养老机构休闲、娱乐的设施。资源与服务的融合可以促进新型服务的产生，如“候鸟式养老旅游”，也就是让老年群体在不同的季节迁移到气候适宜的旅游地居住，这样既享受了旅游的乐趣，又得到了专业的养老服务。这种融合恰恰是产业融合的具体表现。

3. 技术与管理融合

技术方面，大数据、云计算、物联网等现代信息技术已经在养老产业和旅游产业广泛应用，这就为两大产业的深度融合发展提供了强大的技术支持。

管理方面，融合发展带来的是管理模式上的创新，如跨产业管理团队、共享经济模式等，使得两大产业在管理上实现了资源的充分利用。

4. 产业生态融合

养老产业与旅游产业的融合发展，很好地促进了产业链的延伸与拓展。养老产业在这一融合背景下，可以向上游拓展旅游产品的开发，向下游延伸旅游服务。而旅游产业也可以不断向养老产业渗透，为养老产业提供更多定制化、个性化的养老服务。另外，养老产业与旅游产业的融合发展，促进了其他服务业，如餐饮业、住宿业、交通运输业等围绕养老和旅游市场进行开发，从而形成较为完整的产业生态体系。

第三章
养老产业与旅游产业耦合发展的体系及动力

养老产业与旅游产业的耦合发展不仅促进两大产业的深度耦合，还辐射医疗保健业、房地产业、休闲业、文化业等多个产业，促进各个产业之间的相互渗透和相互融合，从而形成新兴的产业形态。

第一节　养老产业与旅游产业耦合发展的构成体系

养老产业与旅游产业的耦合发展催生出一个综合性的产业体系，这个产业体系涵盖餐饮、住宿、交通、旅游、娱乐、医疗、康养、研学等多个产业，各个产业之间密切联系。其耦合的出发点是满足老年群体的多元化物质需求和精神需求。养老产业与旅游产业在耦合发展过程中不断在市场、功能、空间、业务等方面交叉、融合，从而形成一种新的产业形态。

这一新的产业形态涵盖三个层次，即核心产业、相关产业、衍生产业。

一、核心产业

核心产业涵盖八个相关产业，具体内容如表 3–1 所示。

表 3–1　核心产业的具体内容

核心产业	产业功能	具体内容
老年人餐饮业	专注于为老年人提供符合其营养需求和口味偏好的餐饮服务及食品零售	餐饮、食品零售
老年人房地产业	涉及养老相关的房地产开发与运营，为老年人提供安全、舒适、便利的居住环境，并可能包含医疗、护理、娱乐等多方面的服务	疗养院、度假村、农家乐、养老地产、老年人公寓、托老所、护理医院、敬老院等
旅游交通服务业	专注于为老年人提供旅游过程中的交通服务，确保老年人在旅游过程中能够安全、便捷地出行	公共交通、旅游交通

续　表

核心产业	产业功能	具体内容
旅游业	为老年人提供旅游服务	旅行社、酒店、景区
娱乐业	专注于为老年人提供丰富多彩的娱乐活动和服务，提升其生活质量	老年人活动中心、老年人茶园、老年人棋牌室、阅览室、歌舞厅、游乐场、城市公园等
日常生活用品业	满足老年人在日常生活中的特殊需求，提高其生活便利性	手杖、服装鞋帽、餐具、防滑器具、放大镜、助听器、拐杖、轮椅等
医疗与康养业	满足老年人在医疗级康养上的需求，以保障老年人的身体健康和生命安全	药品、保健品、医疗器具、健身器材、康复器材、老年人辅助医疗设备、疗休养服务、老年人护理服务等
教育文化业	为老年人提供学习机会	老年人大学、老年人职业培训、兴趣学习班、文化艺术中心等

二、相关产业

相关产业涵盖食品生产与加工业、老年人用品制造业、旅游咨询服务业、家政服务业、信息咨询服务业、劳务服务业、公共服务业、其他特殊产业，具体内容如表 3–2 所示。

表 3–2　相关产业的具体内容

相关产业	产业功能	具体内容
食品生产与加工业	将原始食材或半成品通过一系列的物理、化学或生物方法进行加工、转化，以制成可供人类直接食用的产品	食品加工业、食品制造业、饮料制造业

续 表

相关产业	产业功能	具体内容
老年人用品制造业	专注于生产适合老年人使用的各种产品	服装制造业，老年人家具、老年人设施用具、老年人医疗保健器械、文教体育用品制造业等
旅游咨询服务业	为旅游者和旅游企业提供专业的旅游信息和咨询服务	预订旅游业务、个性化定制业务、旅游理财咨询、旅游策划与规划、人力资源开发与培训等
家政服务业	为家庭提供清洁、烹饪、照顾老人、家庭护理等服务	家庭护理、日常家庭照顾、家庭修缮、用品修理等
信息咨询服务业	通过收集、整理、分析各种信息，为老年人提供专业的咨询和解决方案	心理咨询、健康咨询、法律咨询、家政咨询等
劳务服务业	为老年人提供各类劳务服务	护理人员的培训、劳务派遣、租赁服务业、居民服务业等
公共服务业	为老年人提供公共产品和服务	环卫、公共交通、邮电通信、安全、电力、广播电影电视等
其他特殊产业	一些具有特殊性质或功能的产业	老年人交际、花卉种植、古玩收藏等

三、衍生产业

衍生产业涵盖原材料供给行业、保险业、金融业、建筑业、政务服务等，具体内容如表 3-3 所示。

表 3-3 衍生产业的具体内容

衍生产业	产业功能	具体内容
原材料供给行业	提供经济社会发展所需的各类基础原材料，支撑其他产业的持续发展	农业、林业、畜牧业、渔业、纺织业、煤炭采选业、石油和天然气开采业、金属矿采选业、非金属矿采选业、木材及竹材采运业与加工业、金属冶炼及压延加工业
保险业	为老年人提供风险保障，包括养老保险、医疗保险等，减轻其经济负担	老年人养老保险、老年人医疗保险、老年人人身保险等
金融业	为老年人提供储蓄、投资理财等金融服务，满足其资金管理和增值需求	老年人储蓄、老年人投资理财、地产倒按揭金融产品、理财咨询等
建筑业	专注于旅游地产的开发、咨询与物业服务，促进旅游业与房地产业的耦合发展	旅游地产开发与经营业、旅游地产咨询业、旅游地产物业服务业
政务服务	政府机关提供的证件办理、司法服务、养老福利等，保障公民权益，促进社会和谐	政府机关提供的证件、司法、养老福利等政务服务

四、三个层次之间的关系

核心产业、相关产业、衍生产业在两大产业耦合发展过程中存在紧密关系。

核心产业可以直接满足老年人的基本生活和服务需求，是养老产业与旅游产业耦合发展的基石。

相关产业，如旅游咨询服务业、家政服务业等，主要通过提供专业化的服务和咨询，为核心产业提供支持和补充。

衍生产业，如原材料供给行业、保险业、金融业等，为核心产业、相关产业提供必要的资源、保障以及资金方面的支持，是养老产业与旅游产业耦合发展的重要支撑。

总之，这三个层次环环相扣，相辅相成，共同构成一个完整、高效、协同的产业形态，推动养老产业、旅游产业向前发展。

第二节　养老产业与旅游产业耦合发展的动力结构

养老产业与旅游产业耦合发展的动力来自各个子系统的相互作用。各个子系统相互关联，共同促进养老产业与旅游产业耦合发展的螺旋式上升。

一、养老产业与旅游产业耦合发展的动力结构

养老产业与旅游产业耦合发展的动力来自市场需求、中介渠道、产业供给、基础设施等四个子系统的共同作用，如图 3–1 所示。

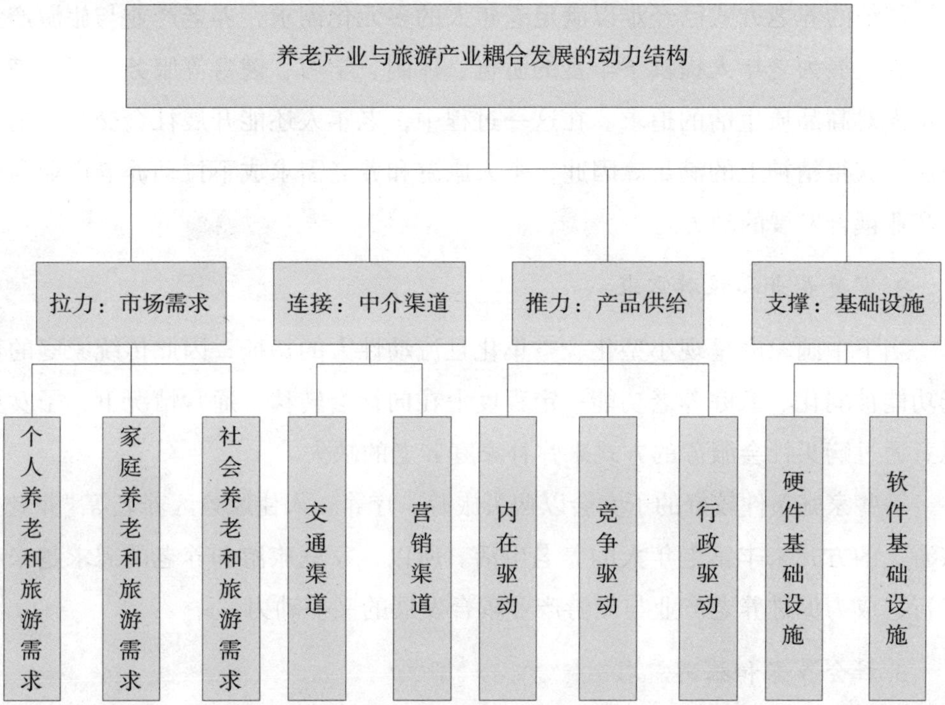

图 3–1　养老产业与旅游产业耦合发展的动力结构

由于驱动力的大小、方向、功能不同，其所产生的动力也有所区别。

（一）拉力：市场需求

在市场经济发展背景下，市场需求是驱动养老产业与旅游产业耦合发展的原动力，为两大产业的耦合发展提供拉力。随着经济的发展和生活水平的提高，养老产业和旅游产业在更多领域实现资源整合与利用。

1. 个人养老和旅游需求

随着经济的发展、社会的进步以及人们思想观念的转变，老年人的生活质量有了显著提升，相应的消费需求也不断提升，老年人在生理和心理上有了更高的要求。

传统的养老方式已经难以满足老年人的多元化需求，养老产业与旅游产业的耦合发展为老年人提供了丰富的游览、休闲、学习、健身等服务，可以满足老年人对高品质生活的追求。在这一过程中，老年人还能开展社会交往、情感交流，获得精神上的满足。因此，个人旅游和养老需求成了拉动养老产业与旅游产业耦合发展的动力之一。

2. 家庭养老和旅游需求

当下中国家庭呈现小型化、空巢化且流动性大的特征，因此传统家庭的养老功能被弱化。家庭养老功能一定程度上在向社会转移，通常情况下，子女更愿意通过购买社会服务的方式来弥补家庭养老的缺失。

一些家庭条件较好的子女会以购买旅游、疗养、入住风景区养老等“养老+旅游”的方式来丰富老年人的养老生活。所以，家庭旅游和养老的需求越来越流行，成为促进养老产业与旅游产业耦合发展的又一动力。

3. 社会养老和旅游需求

以往，各级政府机关、事业单位及行业系统常自办疗养院、干休所、养老院等机构，为做出贡献者提供包含旅游元素的养老服务，部分甚至选址于风景名胜区内。然而，随着社会福利社会化的推进和“政企分离”改革的深化，这些附属机构逐渐从原单位剥离，转向市场化运营。这一转变促使政府及企事业单位开始通过购买社会服务的方式满足职工的旅游养老需求，从而极大地激发了养老与旅游市场的活力。这一需求变化不仅为养老产业、旅游产业带来了广阔的发展空间，还推动了两大产业的耦合发展。因此，可以预见，未来的养老产业与旅游产业将迎来更深的融合，两大产业将迎来更加蓬勃的发展。

（二）连接：中介渠道

中介渠道主要指交通渠道和营销渠道两种，中介渠道通常连接的是市场需求和产品供给，它是促进养老产业与旅游产业的需求与供给、实现产品和货币交换的渠道。

1. 交通渠道

交通渠道指的是养老、旅游服务过程中交通的方式。一般情况下，交通渠道便利，符合老年人的需求，老年人更容易购买。反之，则会影响消费意愿。另外，交通渠道还会影响两大产业的供给，进而影响市场的投资意愿、企业的经营成本等。

2. 营销渠道

营销渠道是连接养老产业与旅游产业的市场中介，营销渠道是促进企业变现的关键。营销渠道涵盖信息渠道和中间商渠道。

（1）信息渠道。信息渠道是影响养老产业与旅游产业耦合发展的重要因素。信息渠道包括公共信息渠道、企业广告信息渠道等。公共信息渠道主要为两大产业耦合发展提供相关的法律、政策方面的信息，产业信息，市场信息，资金信息，技术信息等，为两大产业的耦合发展提供信息保障。企业广告信息渠道更加宽广，除了传统的报纸、广播、电视等之外，网页、网站、论坛、搜索引擎等网络营销渠道以及博客、微信、微博、抖音等自媒体渠道，都是促进养老产业与旅游产业耦合发展的广告信息渠道，这样更容易获得目标人群的反馈信息。

（2）中间商渠道。中间商渠道的长度、广度、宽度影响着两大产业耦合发展的程度，且中间商渠道的运营效率、交易成本、交易流程等决定着两大产业耦合发展的营销绩效。因此，中间商渠道成为促进养老产业和旅游产业耦合发展的重要一环。

（三）推力：产品供给

产业的形成、发展、耦合都源于产业内部的推动，养老产业与旅游产业的耦合发展主要有内在驱动、竞争驱动以及行政驱动三大推力。

1. 内在驱动

内在驱动来自企业的逐利本能。众所周知，新的市场会带来新的利润空间。企业为了开拓新的市场，会投入源源不断的资金和技术，用于开发产业或者扩大生产，使自己的规模和领域得到拓展。

当前，庞大的老年人消费群体有着巨大的消费潜力，在一定程度上为企业的发展提供了更多的机遇。大量的资金、资源被注入养老产业和旅游产业中，从而让养老产业和旅游产业衔接得更紧密。另外，为了争夺更多的市场份额，追逐更大的利润，企业会提升管理效率，降低成本，创新更多的产品以满足老年消费者的需求。面对性价比较高的产品，老年消费者更容易购买，这样就激活了老年消费市场，推动养老产业和旅游产业的耦合发展。

2. 竞争驱动

竞争驱动主要来自产业升级。养老产业与旅游产业的耦合发展所形成的是一个多产业耦合的新的服务业态，关联着不同的产业，包括直接产业和间接产业，这些产业又形成两大产业的耦合发展产业链和产业集群。

直接产业和间接产业面临着各种各样的压力。为了应对各个方面的竞争压力，两大产业在耦合发展过程中，需要不断创新，实现产业升级，具体包括创新相关产品、提升效率、设置竞争壁垒、扩大产业规模等。因此，竞争驱动是促进养老产业与旅游产业耦合发展的一大推力。

3. 行政驱动

中国特色社会主义市场经济体制决定了政府在促进养老产业与旅游产业耦合发展中扮演的角色，而政府主导的行政驱动也成为促进养老产业与旅游产业耦合发展的关键推力。

政府需要推动地方经济的快速发展，还肩负着完善养老福利体系的重要责任。面对老龄化社会的事实，政府应当积极推动养老产业与旅游产业的耦合发展，创造条件促进新兴业态的产生，这些新兴业态不仅能增加就业机会，还能优化产业结构。

在政策制定上，政府通常会出台一系列优惠措施，吸引民间资本涌入这两大产业，从而为其注入新的活力。

在行政引导上，政府推动国有和集体养老企业、旅游企业的改革，提升其市场竞争力，进而辐射带动整个产业的发展。

（四）支撑：基础设施

基础设施是满足市场需求、中介渠道运行、维护产品供给的前提，同时基础设施还是保障三者相互作用的条件。因此，基础设施是促进养老产业与旅游产业耦合发展的基础，对其发展起着支撑作用。基础设施主要包括硬件基础设施和软件基础设施。

1. 硬件基础设施

硬件基础设施在养老产业与旅游产业的耦合发展中起着至关重要的作用。硬件基础设施不仅是两个产业独立运营的支撑，还是实现两者深度耦合与协同发展的关键纽带。

对于养老产业来说，完善的医疗、休闲和环卫等设施能够提升老年人的生活质量，满足其长期居住和养老的需求，从而吸引更多老年人选择旅游养老模式。

对于旅游产业来说，良好的交通、住宿、餐饮和娱乐设施则是吸引游客、提升旅游体验的基础。

当这些硬件基础设施得到共享和优化配置时，养老产业与旅游产业的互补性得以彰显，形成了独特的旅游养老产品，这些旅游养老产品既丰富了旅游市场，还拓展了养老服务的内涵。

2. 软件基础设施

软件基础设施虽然不像硬件那样直观可触，但其对养老产业与旅游产业的耦合发展有重要的作用。软件基础设施包括以下几点。

（1）法律与政策环境。法律与政策环境为两者的耦合发展提供了坚实的制度保障。政府通过规范市场、引导投资、优化政策等手段，可以为养老产业与旅游产业的耦合发展营造良好的外部环境。

（2）社会文化环境。社会文化环境则塑造了养老产业和旅游产业独特的消费理念和经营理念，使尊老敬老、健康长寿的文化价值观深入人心。社会文化环境的塑造不仅激发了老年人的旅游养老需求，也促使企业不断创新服务模式，提升服务质量。

（3）技术环境。技术环境则通过提升生产效率、优化资源配置为两大产业的耦合发展提供强大动力。

（4）人才环境。人才环境很关键，高素质的专业人才是推动两大产业耦合以及高质量发展的核心力量。高素质人才不仅具备专业知识，还能将养老与旅游的元素巧妙融合，创造出既符合市场需求又具有文化内涵的旅游养老产品。

二、相关动力因素的测量指标

推动养老产业与旅游产业耦合发展的动力因素应可测量，这里引入相关的测量指标，以构建养老产业与旅游产业耦合发展的动力因素评价指标体系，其测量指标如表 3–4 所示。

表 3–4　相关动力因素的测量指标

准则层	动力因素	测量指标
市场需求	个人养老和旅游需求	旅游养老者数量
		老年人的人均可支配收入
		老年人旅游消费的意愿
	家庭养老和旅游需求	家庭旅游养老数量
		家庭可支配收入
		家庭旅游养老消费意愿
	社会养老和旅游需求	单位退休人员数量
		单位购买旅游养老的比例

续 表

准则层	动力因素	测量指标
中介渠道	交通渠道	客运量
		货物周转量
		铁路营业里程
		公路里程
		高速公路里程
	营销渠道	政府老年人组织机构数量
		老年人社会公益组织数量
		旅游养老服务中介企业数量
产品供给	内在驱动	企业利润增长
		企业发展前景
	竞争驱动	竞争企业的数量
		产业投资的增长
		旅游养老企业的营业收入
		旅游企业的数量
		产业从业人员的数量
	行政驱动	政府财政收入
		国有企业投资比例

续 表

准则层	动力因素	测量指标
基础设施	硬件基础设施	医院数量
		每万人拥有的公交车数量
		市区绿化覆盖率
		公园数量
		人均绿化覆盖率
		人均绿地面积
	软件基础设施	产业政策支持力度
		政府服务水平
		公共治安水平
		环境卫生服务水平
		当地居民友好程度
		研究与实验性发展经费
		本科以上学历人才占员工比例

三、动力模型

养老产业与旅游产业的市场需求、产品供给、中介渠道、基础设施等相关的多种因素构成两大产业耦合发展的动力因素，不同动力因素的作用是不同的，其存在性质、方向、大小的不同，因此在推动两大产业耦合发展过程中也呈现出不同的效果。

（一）动力因素的划分

按照所起作用的大小，动力因素可以分为主动力因素和辅动力因素。

1. 主动力因素

那些可以决定养老产业与旅游产业耦合发展的方向、程度的因素称为主动力因素，主动力因素直接决定着两大产业耦合发展的可持续性。不同地区因自然资源、发展程度、优势等的不同，决定了各地发展路径的不同。比如，一些地方这两大产业规模巨大，市场需求旺盛，此时市场需求就成了推动养老产业和旅游产业耦合发展的主动力。一些地方的中介渠道发展较好，表现为交通渠道、营销渠道的畅通，此时中介渠道就是推动两大产业耦合发展的主动力。有些地方的基础设施建设得很完善，那么公共设施和公共服务就成了养老产业与旅游产业耦合发展的核心优势，成为二者发展的主动力。

因此，不同地区应当根据当地两大产业发展要素的情况，有针对性地选择主动力。

2. 辅动力因素

辅动力因素不占主要地位，在促进区域养老产业与旅游产业耦合发展过程中承担着特定的功能，是动力系统中不可缺少的因素。辅动力因素与主动力因素的关系是相辅相成的，二者共同构成了两大产业耦合发展的动力系统。

在养老产业与旅游产业耦合发展的不同阶段，主动力因素和辅动力因素在一定程度上是变化的。在特定阶段，辅动力因素可能变为影响养老产业与旅游产业耦合发展的主动力因素，而原有的主动力因素变成辅动力因素，影响着区域两大产业的耦合发展。

人们在看待主动力因素和辅动力因素时需要采取辩证法，以动态的观点培育辅动力因素，推动产业有更多的选择空间。

（二）动力模型划分

根据推动养老产业与旅游产业耦合发展的主动力因素的不同，动力模型可以分为四类。

1. 市场需求拉动型

市场需求拉动型的主动力因素是市场需求，辅动力因素是产业供给因素、中介渠道因素、基础设施因素。

市场需求拉动型动力模型的特征很明显。在经济发达的地区，通常居民的可支配收入较高，这成为老年人养老旅游的物质保障。随着生活水平的提升，人们对养老和旅游的需求增加，且有了更高的期望，这就直接促进了两大产业的发展，并表现出耦合发展的大趋势。

表现尤为突出的是人口老龄化趋势进一步提升了市场需求。老年群体对养老、旅游服务的需求增多，他们既追求丰富多彩的晚年生活，也看重旅游所带来的身心愉悦和社交互动。这一背景使得两大产业进一步融合，并且出现了细分领域。

在社会层面，养老旅游消费理念的流行，也进一步强化了市场需求拉动型的特征。人们逐渐意识到养老旅游不仅是对晚年生活的一种投资，还是提升生活品质和幸福感的重要手段。

2. 产业供给推动型

产业供给推动型的主动力因素是产业供给，辅动力因素是市场需求因素、中介渠道因素、基础设施因素。

一些地区的旅游业、住宿业、养老院、娱乐文化业、康养业等产业发展相对较快，且配套设施完善，为养老经济、旅游经济的繁荣提供了条件，进一步促进了需求。另外，各产业在发展到一定阶段后，会形成相关的产业体系，而旅游产业与养老产业恰恰是这一产业体系的重要组成部分。产业供给将促进养老产业与旅游产业的快速发展。

3. 中介渠道支撑型

中介渠道支撑型的主动力因素是中介渠道，辅动力因素是市场需求因素、产业供给因素、基础设施因素。

中介渠道支撑型的主要特征是一些地区位置良好，交通便利。其各产业的营销渠道发达，营销体系健全，市场秩序规范有序，使得产业的营销渠道运营效率很高，服务水平一流。这样的中介渠道为养老产业与旅游产业的发展提供了很好的营销渠道支持。

4. 基础设施支撑型

基础设施支撑型的主动力因素是基础设施，辅动力因素是市场需求因素、产业供给因素、基础设施因素。

基础设施支撑型的主要特征表现在一些地区的基础设施建设比较完善，公共基础设施齐全，公共服务水平较高、质量较好。另外，基础设施支撑型通常还需软环境的支持，包括良好的法律与政策环境、社会文化环境、技术环境、人才环境等。可以说，良好的基础设施是保证养老产业与旅游产业耦合发展的物质基础。

由于不同地区的养老产业与旅游产业发展的情况不同，二者在耦合发展的过程中能借助的动力不同，因此，养老产业与旅游产业耦合发展需要立足地方两大产业的特征、发展条件，找到适合的动力模型，才能制定出行之有效的发展策略，促进其可持续发展。

四、动力机制

养老产业与旅游产业的耦合发展是如何运行的呢？这里需要阐述养老产业与旅游产业耦合发展的动力机制。由于养老产业与旅游产业的耦合发展涉及多个动力要素，各要素之间又相互联系，因此各动力要素之间存在着复杂的非线性关系，从而形成了各个要素的因果反馈机制，如图 3–2 所示。

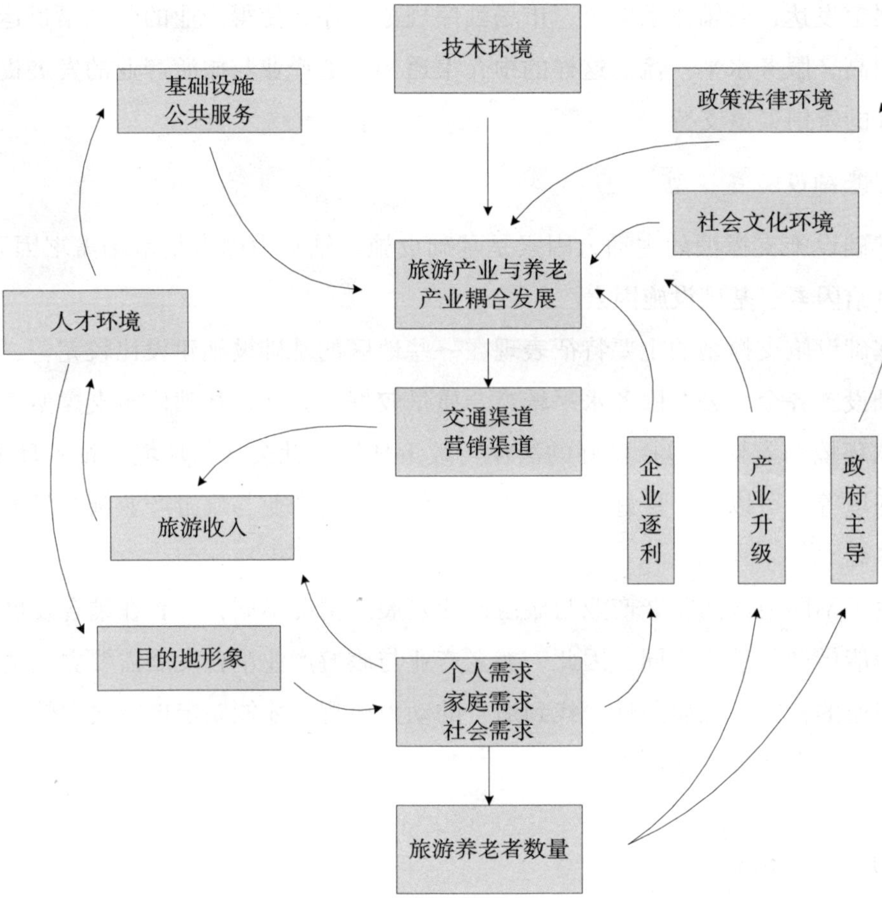

图 3-2　养老产业与旅游产业耦合发展的动力机制

养老产业与旅游产业耦合发展的动力体系中存在着多元且复杂的因果反馈循环，这一体系由市场需求拉力、产业供给推力、中介渠道连接以及基础设施支撑四大系统紧密交织而成，它们相互依存、相互作用，共同维持着整个动力体系的持续升级与动态均衡。这四个系统不仅各自扮演着关键角色，其内部要素也在不断的互动中形成一个既动态又平衡的结构框架。

具体而言，市场需求拉力和产业供给推力作为驱动养老产业与旅游产业耦合发展的双引擎，分别从需求侧和供给侧两个维度发力，协同促进两大产业的深度耦合与协同发展。市场需求拉力系统通过洞察并满足老年人对于旅游与养老服务的多元化需求，为产业发展提供了明确的方向和强大的动力；而产业供给推力系统则通过优化服务供给、创新产品模式，有效回应市场需求，推动产业不断升级。

中介渠道连接系统作为市场需求与市场供给之间的桥梁，不仅实现了空间上的无缝对接，还通过构建高效的市场交易平台，促进了供需双方的精准匹配和有效交易，进一步加速了养老产业与旅游产业的耦合进程。

基础设施支撑系统则是整个动力体系稳健运行的基石，它为养老产业与旅游产业的耦合发展提供了必要的物质基础和设施保障，确保整个系统能够在有序、高效的环境中不断向前推进。

以上四大系统的良性互动促使养老产业与旅游产业耦合发展进入一个有序的动力循环机制中。

第四章
养老产业与旅游产业耦合发展的价值链发展模式

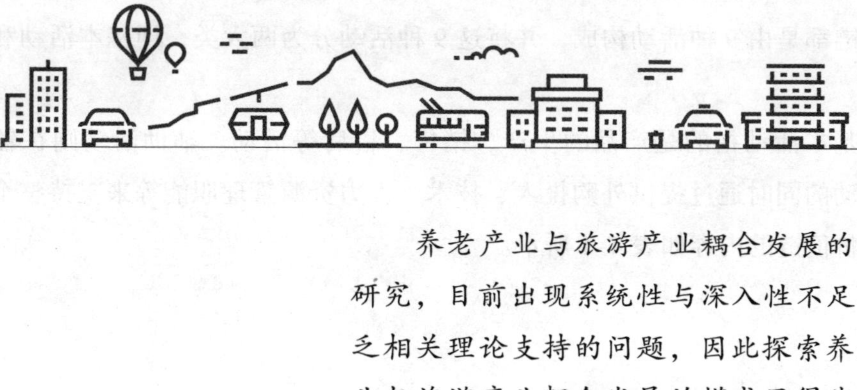

养老产业与旅游产业耦合发展的模式研究，目前出现系统性与深入性不足、缺乏相关理论支持的问题，因此探索养老产业与旅游产业耦合发展的模式显得非常迫切。本书从价值链理论切入，探索养老产业与旅游产业耦合发展的模式。

第一节　价值链理论及应用

一、什么是价值链

所谓价值链，指的是一个企业用来进行设计、生产、营销、交货及维护其产品的各种活动的集合。① 从这个定义上看，价值链描述的是顾客价值如何通过一系列可以创造出最终产品或服务的活动而形成的过程。

（一）价值链的内容

最早提出价值链理论的是美国学者波特（M. Porter），他指出每个企业的价值链都是由 9 种活动构成，并将这 9 种活动分为两大类，即基本活动和辅助活动。

基本活动指的是产品的生产、销售、售后等活动。辅助活动则在辅助基本活动的同时通过提供外购投入、技术、人力资源管理职能等来支持整个价值链。价值链的内容如表 4–1 所示。

① 施先亮，王耀球．供应链管理［M］．3 版．北京：机械工业出版社，2023：23.

表 4-1　价值链的内容

分　类	具体活动	释　义	内　容
基本活动	内部物流	与收货、存储和分配相关联的各种活动	材料搬运、仓储、库存控制、车辆调度和向供应商退货
	生产作业	与把投入转化为最终产品相关的各种活动	机械加工、包装、组装、设备维护、检测、印刷和各种设施管理
	外部物流	与集中、存储和交货给买方有关的各种活动	产成品库存管理、交运、送货车辆调度、订单处理和生产进度安排
	市场营销	向买方提供产品和引导他们进行购买的各种活动	广告、促销、销售队伍、报价、渠道选择、渠道关系和定价
	服务	与增加或保持产品价值有关的各种活动	安装调试、维修、培训和零部件供应
辅助活动	采购	与企业整个价值链有关的所有投入	雇用人员投入、销售人员投入、战略咨询投入
	技术开发	指与产品相关的技术，也包括其他与之相关的技术	电子通信技术、自动化技术、相关流程设计、服务程序
	人力资源管理	对人力方面的管理	人员招聘、雇用、培训、开发、考核、计酬等
	企业基础设施	用于保证企业基本运行的相关设施	总体管理、计划、财务、会计、法律、政府事务、质量管理等的相关设施

（二）价值链的含义

价值链包含以下四个方面的含义。

1. 企业的各种活动是相互依存的价值链条

企业的不同活动之间联系密切，如原材料供应的计划性、及时性和协调性与生产制造的关系密切。根据波特的价值链理论，价值链管理将企业的各项业务流程视为一个相互依存的价值链条，并通过整合生产、营销、财务、人力资源等环节，形成一个高效运作的整体，实现全面的计划、协调、监督与控制。这种方法真正体现了“链”式管理的特征，促进企业供、产、销系统的耦合。

2. 企业活动会带来有形或者无形的价值

企业的相关活动都能给企业带来有形或者无形的价值，如服务价值链，如果企业在服务方面非常注重满足顾客的需求，充分做好售后服务的话，那么企业就会获得消费者的好评，企业的信誉也会提升，这带来的是无形的价值。

3. 价值链包括企业外部链活动

价值链不仅包括企业内部链活动，还包括企业外部链活动。常见的企业外部链活动包括与供应商的关系、与顾客的关系等。

4. 企业应进行价值链管理

企业要开展价值链管理，首先需要打破传统的职能部门的界限，促使企业的组织结构实现流程型转化，这一转化需要以价值增值流程呈现，最终形成合理的业务流程。

（三）价值链的特征

1. 价值链是增值链

价值链具有不断追求价值增值的特征。在价值链条上，资金流、物流、信息流相互交织在一起，但最为核心的就是增值流，因为从原材料的采购到产品的制造，再到最后的分销，每一环节都是对物料市场价值或者附加值的提升。消费者购买相关商品和服务，实际上是在购买企业相关环节所积累的价值。因此，价值链的每一个节点，无论增值的大小，都决定着企业的竞争力。为了进一步提升企业的竞争力，企业需要将是否增值作为考察劳动是否有效的标准，这样可以确保价值链上的每一环节都能实现最大价值。

与传统的供应链模式相比，价值链管理特别强调整体协同与最优增值。也就是说，价值链关注的是企业内部的生产效率，并将视野扩展到了上下游企业，经过整合形成一个动态的、虚拟的产业网络。在这个庞大的产业网络中，企业与企业之间通过信息共享、风险共担，实现了采购成本和物流成本的节约。价值链管理所追求的是最优的增值，这样可以确保整个产业链持续、高效运行，让企业保持竞争力。

2. 价值链是电子链

价值链是电子链，主要表现为信息流的高度集成与实时交换。价值链作为电子链，从最终客户的信息反馈到需求信号的传递，再到库存状态的动态更新以及订单的即时确认，所有的关键数据都被整合到了一个高效的电子流程中。这种集成提升了信息的准确性，也使信息变得透明，这样可以加快决策过程，调动供应链的每个实体响应市场变化。企业通过电子链可以自动处理大量数据，从而减少了传统手工单据处理所带来的时间滞后与出错的频率，确保了信息的时效性与精确性。

进一步讲，价值链是电子链还体现在信息技术对价值链的基础性和核心作用上。从这个意义上讲，信息技术是价值链运行的基础，促使员工从简单操作中解放出来，转而去处理具有更高价值的任务，如数据分析、策略制定、客户维系等。

3. 价值链是协作链

价值链是协作链表现为价值链上各个节点间的决策是相互关联和相互影响的。在这一框架下，任何单一企业的生产与库存决策都不再是孤立的，而是整个链条上重要的一环，其决策将会影响其他环节。因此，企业在制订计划时，需要超越内部视角，从价值链全局进行综合考虑与优化。

价值链是协作链还表现为价值链摒弃了传统模式中我赢你输的零和博弈思维，倡导建立基于共赢乃至多赢的伙伴关系。因此，企业需要重新审视其与渠道伙伴、供应商之间的关系，从单纯的交易性合作转向伙伴型合作。通过建立企业之间的信任与协作，价值链上的各个企业能共同分享资源、分担风险，从而在激烈的市场竞争中实现共同成长。

4. 价值链是虚拟链

价值链是虚拟链，它构建了一个跨越市场、生产与流通的动态的企业联盟。这一企业联盟并非实体组织，而是基于业务相关性和资源共享性而形成的虚拟公司。在这个框架之内，每个企业都能保持独特的个性，又能通过联盟平台，突破自身资源限制，广泛运用联盟内的其他资源。虚拟链的意义在于，它极大地提升了整个价值链的灵活性和响应的速度。

另外，价值链是虚拟链还表现在价值链对各个环节间连接方式的创新。以配送环节为例，在价值链上，配送环节不再是简单的物流传递，而转变为连接生产制造与流通领域的桥梁与纽带。企业可以通过优化配送流程，实现供需之间的无缝对接。价值链可以确保及时生产、及时配送、及时交付，从而加速了资本循环，实现了价值链的快速增值。

（四）价值链理论的发展

随着时代的发展，价值链理论的影响范围进一步扩大，企业内部的价值链与供应商价值链、销售及售后服务与经销商、买方价值链相联系，形成了产业价值链。

卡普林斯基（R. Kaplinsky）对波特的价值链模型进行了拓展，其巧妙地将企业与企业之间的复杂关系融入其中，提出了产业价值链的概念。这个概念强调：产业价值链是围绕某一核心资源构建起来的，其目的是实现价值的增值，且该产业价值链各要素之间环环相扣，涵盖原料的采集与运输、产品的设计研发、半成品与成品的生产制造、市场分销、售后服务等活动。这些活动在企业内部形成有机循环，同时也在纵向的企业之间建立了联系。

二、养老产业与旅游产业耦合发展的价值链体系

养老产业与旅游产业的耦合发展符合新时代多产业深度融合的大趋势，二者的耦合发展所产生的新的产业形态非常适用于价值链的整合与优化。从价值链理论出发，人们可以深入探索养老产业与旅游产业耦合发展过程中各环节的价值创造与传递机制，探索如何通过资源整合、服务创新和技术应用来提升两大产业及相关产业的价值链。

新的产业形态涵盖三个层次，即核心产业、相关产业、衍生产业，相应的价值链包括核心产业价值链、相关产业价值链、衍生产业价值链，如表 4–2 所示。

表 4–2　三个层次产业价值链定义及内容

名　称	定　义	内　容
核心产业价值链	直接满足老年群体食、住、行、游、娱、用、医、教等需求的产业之间相互关联所形成的价值链	老年人餐饮业 老年人房地产业 交通服务业 旅游业 娱乐业 日常生活用品业 医疗与康养业 教育文化业

续 表

名 称	定 义	内 容
相关产业价值链	与核心产业有消费互补性的产业之间互相关联形成的价值链	食品生产与加工业 老年人用品制造业 旅游咨询服务业 家政服务业 信息咨询服务业 劳务服务业 公共服务业 其他特殊产业
衍生产业价值链	与养老产业、旅游产业相关的先行产业与后续产业之间互相关联形成的价值链	原材料供给行业 保险业 金融业 建筑业 政务服务

第二节　养老产业与旅游产业耦合发展的三种价值链发展模式

养老产业与旅游产业耦合发展的三种价值链发展模式涵盖价值链渗透发展模式、价值链延伸发展模式、价值链重组发展模式。每个价值链发展模式之下又分为几个模式，从而实现了养老产业与旅游产业相关产业的多样性发展，如图 4-1 所示。

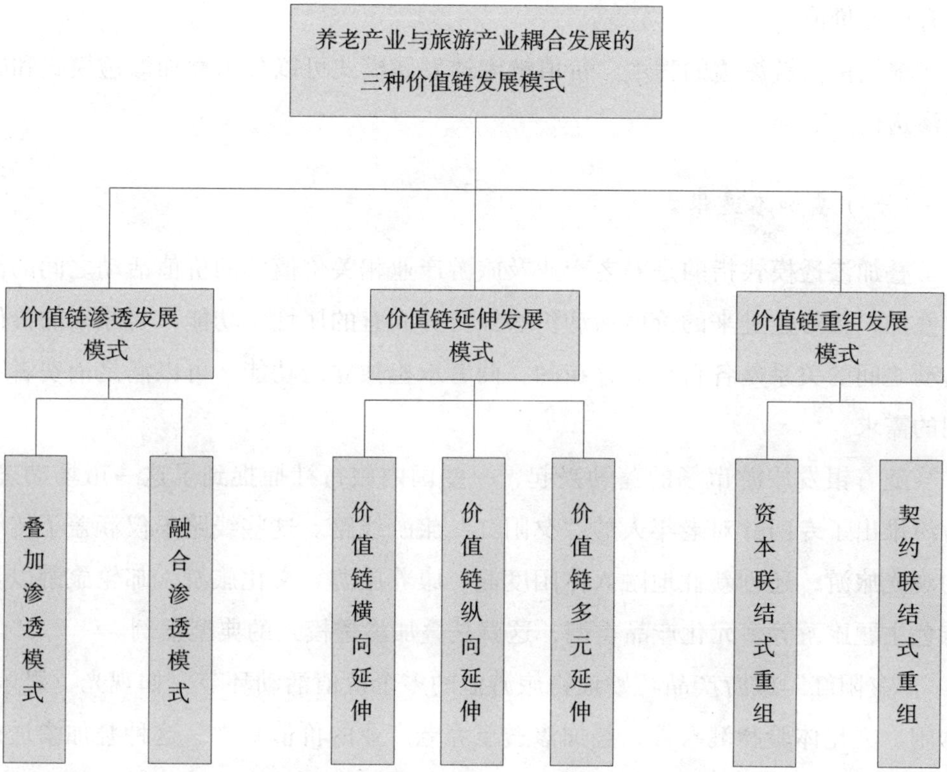

图 4-1　养老产业与旅游产业耦合发展的三种价值链发展模式

一、价值链渗透发展模式

价值链渗透发展模式指的是养老产业与旅游产业耦合发展的核心产业价值链、相关产业价值链以及衍生产业价值链的价值活动借助技术创新、资源共享、管理输出、市场拓展等媒介实现相互渗透，使不同的产业价值链的价值活动相互交叉、叠加，从而形成多产业相互耦合的集群化发展模式。该模式有利于养老产业与旅游产业强化核心战略环节，从而获得产业的核心竞争优势，实现两大产业的高价值增值。养老产业与旅游产业在耦合发展过程中，需要识别新环境下具有较高价值的战略环节，通过战略环节的复制、输出、整合，不断提升产业价值。

根据价值链渗透的程度，价值链渗透发展模式可以分为叠加渗透模式和融合渗透模式。

（一）叠加渗透模式

叠加渗透模式指的是养老产业及旅游产业相关价值链的价值活动之间的简单叠加，新渗透进来的价值活动仍然保持其固有的属性、功能，与原来的价值活动之间的关系是各自独立存在的，两者承担独立的功能，可以满足消费者不同的需求。

随着银发旅游市场的蓬勃兴起，一些国内旅行社捕捉到了这一市场动态，纷纷推出了专门针对老年人的“夕阳红”旅游线路。这些线路不仅涵盖了传统的观光旅游，还创新性地融入休闲度假、康养旅游、文化旅游、邮轮旅游以及特色主题旅游等多元化产品类型，这就是叠加渗透模式的典型案例。

“夕阳红”旅游产品巧妙地将旅游业的多个价值活动环节，如观光、娱乐、休闲、文化体验和健身等，叠加渗透至养老产业的价值链中。这种叠加渗透模式既丰富了旅游产品的内涵，又实现了养老价值与旅游价值的双重提升。老年人在享受旅游带来的乐趣的同时能感受到养老服务的贴心与周到，从而有效满足了他们对于养老和旅游的双重需求。

（二）融合渗透模式

融合渗透模式指的是养老产业与旅游产业的价值活动之间的复合叠加。这里，新渗透进来的价值活动不再独立存在，而是融入其他价值链的价值活动中，可以说两者是协作关系，共同承担着特定的功能。

“候鸟式”养老是养老产业与旅游产业耦合发展的新范式，也是融合渗透模式的代表。老年人对季节、气候的要求高，因此，“候鸟式”养老将旅游产业的交通迁徙、旅游体验与养老产业的价值链融合，使得老年人不再受限于一地、一季的养老环境，而是像候鸟一样随着季节的更迭，迁徙到适宜的地方居住。

“候鸟式”养老将异地的气候、风情、自然风光、历史文化、养老服务等多重核心价值要素进行深度耦合，这样使养老产业和旅游产业实现资源共享、优势互补，共同推动养老业态的创新升级。

二、价值链延伸发展模式

价值链延伸发展模式指的是养老产业与旅游产业从业者运用各种市场手段，如兼并、收购、联盟等形成与相同产业价值链融合的局面，最终使若干价值链重新组合，形成一个新的价值链联合体。这个价值链联合体将产生新一轮的规模经济效应，促进养老产业与旅游产业的耦合发展。

从本质上看，价值链延伸发展模式要发展的是养老产业与旅游产业的核心产业价值链、相关产业价值链、衍生产业价值链三者之间的产业边界，主要对产业边界进行输出、复制、整合，从而产生新的价值活动，并赋予原有的产业价值链以新的功能，以增加两大产业耦合的增值能力和竞争优势。

价值链延伸发展模式的优势在于促进养老产业与旅游产业实现共享，从而带来较高的价值，进一步提升规模经济效应以及范围经济效应。

价值链横向延伸、价值链纵向延伸、价值链多元延伸是价值链延伸发展模式的三种类型。

（一）价值链横向延伸

价值链横向延伸指的是养老产业与旅游产业相关产业在同行业之间进行需求合作与整合，通过将同行业的价值链进行组合形成横向一体化的经营联合体。其优势在于企业能集中优势资源，扩大经营规模，实现规模经济效应。在激烈的市场竞争中，价值链横向延伸可以为养老产业和旅游产业的深度发展提供广阔的发展空间，从而占领更大的市场份额。

比如，某国际养老产业集团通过自建直营、资源整合与加盟连锁，成功实现价值链横向延伸。集团以健康养老、旅游度假为核心，在全国布局旅游养老产业，打通全产业链。该集团已运营海南五指山等多处基地，并在建20余个度假区，规模与实力显著增强。同时，该集团与500家景区、酒店等组建战略合作联盟，市场网络覆盖全国地级以上城市，行业地位与竞争力大幅提升。通过价值链横向延伸模式，该集团有效整合了资源，扩大了业务规模，并进一步提升了市场竞争力，为养老产业和旅游产业的耦合发展提供了成功范例。

（二）价值链纵向延伸

价值链纵向延伸是养老产业与旅游产业向相关产业链的上下游产业链拓展。企业通过将上游供应商、下游渠道和顾客的价值链进行关联，并纳入自身的经营体系，形成纵向一体化经营联合体，从而实现对产业链的全面掌控。价值链纵向延伸能让企业获得更为稳定的原材料供应和销售渠道，进一步扩大了业务范围，获得范围经济效应。这样，养老产业与旅游产业的相关链条可以挖掘更多的产业链价值，提升产业的附加值。

三亚某康养度假区通过整合“候鸟式养老＋医疗旅游＋健康管理”，实现价值链纵向延伸。该度假区以短期旅居为主，上游延伸至健康评估、慢性病干预等预防性服务，与三甲医院合作设立康复中心；中游开发长租型康养公寓，配套中医理疗、营养膳食等定制化服务；下游衔接养老保险产品与旅居会员制，形成“旅居—康养—金融”闭环。该度假区联合本地景区开发低强度文化体验路线，培训专业旅养管家团队，构建从流量获取到深度服务再到衍生消费的全链条产业生态。运营三年内，客户年均消费从1.2万元提升至4.8万元，二次转化率达67%，成功将单一旅游住宿服务向健康管理、金融保障等高端服务环节延伸。

（三）价值链多元延伸

价值链多元延伸指的是企业将养老产业与旅游产业的相关价值链组合起

来，形成多元化的经营联合体。这样，企业可以将跨行业的价值活动转入自身的价值链，从而丰富了价值链内涵，提升经济效益。价值链多元延伸的优势在于它拓展了养老产业与旅游产业相关产业的业务领域，在一定程度上降低了经营风险。价值链多元延伸还激发了创新活力，推动两大产业在更多领域的融合，从而形成更加多元化、智能化的发展方向。

四川省雅安市海子山某生态康养旅游基地创新构建了“大旅游 + 大度假 + 大康养 + 大生态”的全域组合模式，成为国家森林康养基地。其采用会员制度假式居家康养模式，实现了闭环式管理。该基地为老年人提供旅游和度假服务，并深度融合了康养元素，满足了老年人群对居住环境、气候条件和健康管理的多元化需求。养老产业与旅游产业的价值链叠加与延伸，提升了基地整体的服务质量与市场竞争力。

三、价值链重组发展模式

价值链重组发展模式指的是在技术、管理、市场、资源、生产方式等经营要素的驱动下，养老产业与旅游产业相关的产业价值链进行解构并重组，使得原来互相独立的价值单元走向重组。而重组的依据是运用新的价值连接方式进行重新编码，从而组合成新的价值链，而那些相对次要或者增值不多的价值活动将慢慢从价值链中剥离出去。价值链重组发展模式可以形成集约经济效应，从而实现养老产业与旅游产业相关产业价值链的集约化发展。

价值链重组发展模式的关键是识别和重组核心战略环节及剥离辅助价值环节。识别核心战略环节使得价值链活动给养老产业、旅游产业等相关产业带来当前及未来的持续价值增值，从而形成竞争优势。而重组核心战略环节则在一定程度上优化了两大产业整体产业价值链的结构，从而实现价值链的动态发展。剥离辅助价值环节需要遵循在不影响养老产业和旅游产业的基础上，剥离一些低价值的环节。

按照控制程度的不同，价值链重组发展模式可以分为资本联结式重组和契约联结式重组。

（一）资本联结式重组

资本联结式重组主要以资本为纽带，组建经营联合体，运用一定的经营手段，促进企业之间相互控股、参股、持股。这一模式的优势在于可以加强对联合体成员的控制，但它也有成本高、发展速度慢等弊端。

比如，新疆某集团是一家综合性健康养老产业集团，其通过资本运营手段，实现了旅游产业、养老产业相关产业链的深度整合。该集团以旅游、养老和休闲服务为核心，围绕高附加值业务布局，通过控股、参股等方式，将老年人公寓、老年病医院、老年人主题酒店、康养会馆、医药研究所及房地产开发等多个环节紧密联结在一起。这种重组模式提升了各业务板块的协同效应，也满足了老年人全方位、多层次的旅游养老需求，形成了旅游养老综合体的新型商业模式。

（二）契约联结式重组

契约联结式重组指的是养老产业和旅游产业等相关产业通过契约纽带而组建的经营联合体。通常这些契约纽带包括特许经营、外包经营、管理合同、联盟合同。通过这些契约纽带，成员组织建立起一种合作伙伴关系，这种重组模式具有发展灵活、成本低、发展速度快等优势，但也存在成员组织间缺乏凝聚力、组织控制力不强等弊端。

大连互动式异地养老服务中心是契约联结式重组的代表案例，它展现了创新养老服务模式与战略联盟的强大合力。该中心由大连市民政局主导，通过精准的战略布局，成功吸引全国范围内的养老院、老年人公寓、福利院、疗养院及老年人俱乐部等多元养老机构加盟，形成了一个覆盖广泛、服务全面的全国异地养老服务平台。

大连互动式异地养老服务中心契约联结式重组的核心在于其价值链契约的联结方式，主要表现如下。

首先，该中心致力于搭建一个高效、便捷的异地旅游养老服务平台，有效打破了老年人需求与全国旅游养老机构之间的信息壁垒，实现了资源的优化配置。

其次，通过与各加盟成员签订详尽的合同契约，该中心建立了一种稳固的合作联营机制，不仅促进了各地养老机构之间的服务置换与资源共享，还极大地提升了服务质量和效率。

最后，该中心还积极策划、组织了一系列丰富多彩的主题旅游养老活动，如“快乐夕阳之旅”老年人观光旅游、休闲度假旅游、医疗旅游及文化旅游等，丰富了老年人的精神文化生活，也为养老产业的创新发展提供了范式。

第五章
养老产业与旅游产业耦合发展的策略

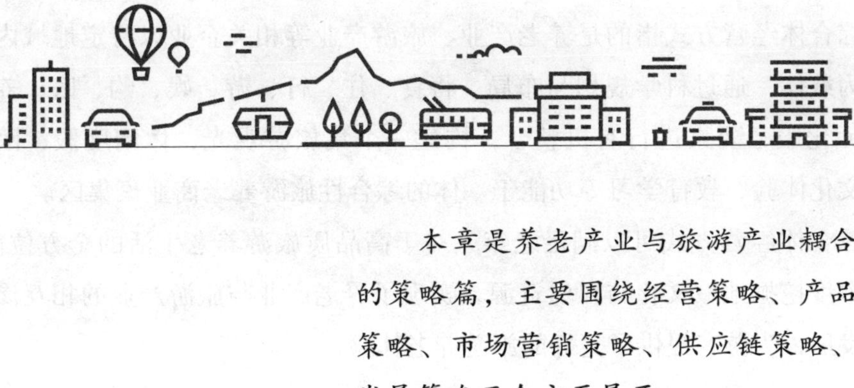

本章是养老产业与旅游产业耦合发展的策略篇，主要围绕经营策略、产品服务策略、市场营销策略、供应链策略、组织发展策略五个方面展开。

第一节 经营策略

当今时代，要发展产业，就需要引进新的技术、生产方法、经营模式，这样才能助推养老产业与旅游产业及新的产业价值链的发展，创新养老产业、旅游产业的业态，提升其经济效益。

通常，养老产业与旅游产业的耦合发展可运用以下经营策略。

一、综合体经营方式

（一）定义

综合体经营方式指的是养老产业、旅游产业等相关企业以特定地域内的建筑群为载体，通过科学规划与布局，将食、住、行、游、娱、购、医、养、学等多元化服务要素进行有机整合，构建一个集旅游观光、休闲度假、医疗康养、文化体验、教育学习等功能于一体的综合性旅游养老商业聚集区。

综合体经营方式可以满足老年人对于高品质旅游养老生活的全方位需求，还能深度挖掘地域文化与自然资源，实现了养老产业与旅游产业的相互渗透与协同发展，为游客提供了美好的旅游养老体验。

（二）特征

综合体经营方式的特征，可以概括为以下几点。

1. 空间集聚

企业可以通过科学合理的空间规划，将各类服务设施紧密布局于一定区域内，形成高效便捷的旅游养老服务网络。

2. 土地综合开发

综合体经营方式强调在保护生态环境的前提下，对土地资源进行高效、集约利用，实现经济效益与生态效益的双重提升。

3. 多元产业整合

综合体经营方式打破了传统产业的界限，将旅游、养老、医疗、教育、文化等多个领域有机融合，形成新的产业增长点和竞争优势。

4. 功能融合

综合体经营方式的各服务板块相互支撑与互补，为游客提供一站式、全方位的旅游养老服务，以满足游客多样化的需求。

5. 集群共生

综合体经营方式强调综合体内部各参与主体之间的合作共赢，通过资源共享、优势互补，共同推动养老产业与旅游产业的持续健康发展，形成了良好的产业生态。

（三）优缺点分析

综合体经营方式在养老产业与旅游产业耦合发展中展现出显著的优势，但也存在一定的缺陷。

1. 优点

综合体经营方式的优点主要体现在以下几个方面。

（1）产业联动效应显著。养老产业与旅游产业的深度耦合，实现了资源共享、市场共拓，推动了旅游养老从单一产品开发走向综合联动开发，提升了整个产业链的价值和竞争力。

（2）市场辐射效应强。综合体作为区域旅游养老的标志性项目，能够吸引大量游客前来体验，带动周边地区经济发展，提升区域知名度。

2. 缺点

综合体经营方式的缺点主要体现在以下几个方面。

（1）投资大。综合体建设涉及土地购置、设施建设、运营维护等多个方面，需要巨额的资金投入，因此对投资者的资金实力和管理能力有较高的要求。

（2）协同管理难度大。由于综合体涉及多个产业领域和众多参与主体，如何实现高效协同管理是一个严峻的挑战，因此相关企业需要建立完善的管理机制和协调机制。

（3）旅游资源与土地开发要求高。综合体建设需要充分考虑地域特色、生态承载力等因素，确保项目的可持续发展和生态环境得到保护。

二、集团连锁经营方式

（一）定义

集团连锁经营方式指的是实力雄厚的养老、旅游相关产业的企业，通过产权纽带（股权投资、合资合作）或契约纽带（特许经营、管理合同）将多个满足旅游养老消费者多元化需求的企业紧密联系在一起的经营模式。

集团连锁经营方式强调的是成员企业之间的共同经营，包括经营方针、经营活动的一致性。这种经营方式通常采用连锁、标准化的运营策略，从而实现资源的高度整合与优化配置，进而实现规模经济效益和品牌影响力的最大化。

（二）特征

集团连锁经营方式在养老产业与旅游产业耦合发展中的特征主要体现在以下几个方面。

1. 法人联合体的构建

成员企业虽保持相对的独立性，但共同组成了一个具有统一品牌、统一经营策略的法人联合体。这种结构既保证了各企业的灵活性，又实现了整体上的协同与统一。

2. 品牌与经营的统一性

所有成员企业均使用统一的品牌标识，遵循统一的服务标准、管理流程和质量要求。这不仅增强了消费者对品牌的认知度和信任度，也促进了服务品质的全面提升。

3. 多元化的服务供给

集团连锁经营方式能够整合养老与旅游两大产业的资源，提供包括住宿、餐饮、医疗、娱乐、旅游规划等在内的多元化服务，满足旅游养老消费者的全方位需求。

4. 灵活的扩张模式

通过连锁经营，集团可以迅速扩大服务网络，无论是通过新建、并购还是特许经营等方式，都能快速响应市场需求，实现规模扩张。

（三）优缺点分析

1. 优点

集团连锁经营方式有很多优点，主要体现在以下几个方面。

（1）品牌优势。统一的品牌形象能增强其市场识别度，也能吸引更多的消费者，为树立良好的口碑和形象打下基础。

（2）客源优势。通过连锁经营，集团可以形成庞大的客源网络，从而为获得稳定的客源提供保障。

（3）方便采购和管理。集团连锁经营方式在一定程度上简化了采购流程，使得采购活动变得集中，从而降低了反复采购的成本，提高了采购效率。另外，集团连锁经营方式还具有管理优势。集团通过建立统一的质量管理体系和标准，能确保各成员企业的服务质量达到统一的高标准。

2. 缺点

集团连锁经营方式也有不足之处，主要体现在随着集团规模的扩大和成员企业的不断增多，组织管理也变得复杂。此时需要投入大量的人力、物力和财力来建立和维持有效的管理和沟通。在初期建设中，集团需要进行大量费用投入，包括品牌建设、市场拓展、技术升级等。且为了保持连锁经营的一致性和高品质，集团还需要进行持续的资金和物质支持。另外，品牌的扩大发展对集团的战略管理要求更高。

三、联盟经营方式

（一）定义

联盟经营方式指在养老产业与旅游产业耦合发展的过程中，一系列独立运营、各具特色的旅游养老企业通过签订正式或非正式的契约协议，自愿结成一个灵活、高效的战略联盟。这种联盟不追求严格的组织结构一体化，而是侧重于在市场营销、管理技术创新、预订服务网络、信息资源共享等多个维度实现产业间、企业间的深度协同与资源共享。

联盟经营方式通过成员间的优势互补与互利共赢，共同应对市场挑战，促进养老产业与旅游产业的深度耦合和可持续发展，为老年人提供更加多元化、高品质的服务体验。

（二）特征

联盟经营方式的特征包括以下几个方面。

1. 组织结构灵活

联盟成员间以契约为纽带，不改变各自原有的法人地位与经营自主权，保持了高度的组织灵活性与决策效率。

2. 优势互补与资源共享

各成员企业根据自身专长，优势互补，共享市场营销渠道、管理技术、客户资源等，形成资源池，提升整体竞争力。

3. 风险共担与利益分配机制

联盟内部通过建立合理的风险共担与利益分配机制，确保成员间的公平与合作稳定性，降低单一企业面临的市场风险。

4. 持续创新与学习

联盟经营方式鼓励成员间进行知识交流与技术创新，促进新技术、新服务模式的快速传播与应用，推动行业进步。

（三）优缺点分析

1. 优点

联盟经营方式的优点包括以下几个方面。

（1）门槛低。联盟经营方式对成员企业的规模、资本等要求相对较低，吸引了很多中小型的养老产业、旅游产业的相关企业加入，使得成员增多，在一定程度上增加了市场的活力。

（2）灵活性。成员企业具有独立性，可以保持自身经营的特色。同时，它们能灵活调整策略以适应变化的市场，避免了集团式管理的僵化。

（3）低成本。通过资源共享与规模经济，联盟成员之间实现了低成本运营，从而实现了利益的最大化。

（4）促进产业的进一步升级与创新。联盟内部的竞争与合作机制进一步激发了企业的创新动力，推动了养老旅游产品的迭代升级与服务质量的提升。

2. 缺点

联盟经营方式的缺点包括以下几个方面。

（1）监管难度大，维护成本高。松散的组织结构使得监管面临较大的挑战，要建立起高效的协调机制就需要付出较高的维护成本。

（2）信任指数不高。成员之间可能存在信息不对称与利益冲突，建立并维护长期的信任关系需要时间与努力，一旦信任破裂，联盟的稳定将受到威胁。

（3）品牌知名度与服务质量有待提升。成员企业的品牌知名度、服务质量参差不齐，可能影响联盟整体形象与口碑，需加强标准化管理与品牌建设。

（4）发展不确定性大。市场环境的变化、成员企业的经营状况波动等都可能影响联盟的稳定性与可持续发展，需不断评估与调整合作策略。

第二节　产品服务策略

产品服务策略强调通过优化、创新旅游养老产品与服务，以此满足更多老年人的养老以及旅游的需求。养老产业与旅游产业在耦合发展过程中，需要从产品形式、类型、结构、功能四个方面进行创新。

一、产品形式策略

产品形式策略主要指的是养老产业与旅游产业的相关企业围绕老年人的体验性、参与性、科技化三个方面展开的产品开发。

（一）围绕体验性创新

老年人在旅游过程中注重旅游的感受与体验，因此相关企业需要结合自身的资源优势，开发具有地方特色的旅游活动项目。比如，乡村采摘、手工制作、民俗表演等，老年人置身于浓郁的文化氛围之中，可以体验旅游带来的乐趣。这些企业还可以开发一些互动性较强的活动，如老年才艺展示、团队拓展等，促进老年旅游者的人际交往，让老年人在活动中获得乐趣。

（二）围绕参与性创新

在养老产业与旅游产业耦合发展过程中，相关企业要鼓励老年旅游者积极参与旅游产品的设计与开发，让老年人根据自己的兴趣和需求来定制旅游行程。比如，相关企业可以推出“自助游+定制服务”的模式，让老年人根据兴趣自由选择景点，自主选择餐饮、住宿标准，同时提供专业的导游与全程咨询服务，确保旅游活动的顺利进行。

（三）围绕科技化创新

当今时代，科技是第一生产力，养老产业与旅游产业耦合发展也需要科技的加持。随着科技的进步，养老产业与旅游产业耦合发展中的相关企业需要利用智能化、数字化的技术手段，提升其服务质量和服务效率。比如，企业可以开发针对老年旅游者的智能旅游 APP，配备语音导航、健康监测、紧急呼救等功能，让老年旅游者更加便利、安全地享受旅游服务。

二、产品类型策略

产品类型的创新不仅是满足老年人市场需求的关键，也是养老产业与旅游产业耦合发展的核心。养老产业与旅游产业在耦合发展过程中可以运用产品类型策略，也就是创新产品类型，其中包括开发新产品和改造旧产品。

（一）开发新产品

随着社会生产力的发展，经济结构不断优化，人民的生活水平也得到显著提高。养老产业与旅游产业在耦合发展中要占领更多的市场，必须开发新的产品。这些新产品包括以下几种。

1. 分时度假养老旅游

分时度假养老旅游打破了传统养老旅游的时空限制，允许老年人在不同时间段选择适合自己的度假地点。比如，有的企业推出了“四季养老”项目，也就是春季在江南水乡赏花，夏季到北方避暑，秋季前往山区观赏红叶，冬季则到南方温暖的城市过冬。“四季养老”项目非常灵活，满足了老年人对多样生活的追求，同时，各地的旅游资源能得到整合与合理利用。

2. 特色主题养老旅游

特色主题是根据老年人的兴趣爱好与特定的文化主题设计的，具有鲜明的针对老年群体需求的特征。比如，企业开发的“红色记忆”养老旅游，也就是组织老年人参观革命遗址、聆听历史讲座，忆苦思甜。这样的主题体验不仅丰富了老年人的精神生活，也传承了红色文化。

3. 旅游养老综合体

旅游养老综合体集居住、娱乐、医疗、康养于一体，属于综合性养老旅游项目。比如，企业打造的“颐养天年”社区提供舒适的居住环境，还配备相应的医疗中心、健身房、图书馆等。在社区内，老年人可以举办文化、艺术活动，从而可以在享受旅游的同时得到身心上的愉悦。

4. 医养结合养老旅游

企业可以将医疗资源与旅游资源进行有效整合，开发医养结合的养老旅游，为老年人提供健康管理和休闲旅游双重服务。比如，相关企业可以联合推出“康复之旅”项目，在风景秀丽的地方设立康复中心，提供专业的医疗康复服务，同时安排周边景点的游览活动，实现治疗与休闲的结合。

（二）改造旧产品

改造旧产品也就是在原有的旅游与养老相关产品基础上进行升级与创新。企业可以通过以下途径对旧产品进行升级与创新。

1. 医院 + 养老旅游

企业在提供传统医疗康复服务的基础上，增加旅游服务，如设置观光电梯、屋顶花园等，让老年人的康复护理过程变成一次愉悦的旅行体验。有的企业推出“康养+休闲”的套餐，为老年人提供便捷的住宿和周边景点旅游服务。

2. 景区+养老旅游

企业在著名景区内或周边建设养老设施，让老年人在欣赏美景、体验文化的同时，享受舒适的养老服务。例如，黄山风景区附近的度假村针对老年人推出了“慢游黄山”项目，包括缓慢的徒步路线、专业的导游讲解和适合老年人的餐饮安排。

3. 酒店、度假村+养老旅游

酒店、度假村+养老旅游是对传统酒店和度假村进行适老化改造，如增设无障碍设施、提供健康饮食选项等。例如，某海滨度假村针对老年人市场，推出了“海景康养”计划，包括海边瑜伽、海鲜营养餐、中医理疗等服务。

4. 城镇+养老旅游

企业可利用古镇、古城等历史文化资源，打造具有地方特色的养老旅游产品。例如，某江南水乡小镇通过修复古建筑、举办传统文化活动，吸引了大量寻求宁静生活的老年人前来长期居住或短期旅游。

5. 旅游地产+养老旅游

企业可将旅游地产与养老服务相结合，开发适合老年人居住的房产项目。例如，某企业在风景秀丽的山区建设“养老山庄”，不仅提供高品质的住宅，还有医疗中心、活动中心等配套设施，让老年人在享受自然风光的同时享受便捷的养老服务。

三、产品结构策略

传统的养老、旅游产品主要集中在“食、住、行”上，这些产品的比重较高，因此传统的养老、旅游产品是典型的观光型旅游产品结构。企业可大力开发非基本旅游消费产品，增加老年旅游者在“游、娱、用、医、养、学”等方面消费的比重，以此推动旅游养老相关产业的结构创新，满足老年人多元化需求。

（一）游

“游”指的是老年人能够充分享受和体验目的地自然风光、文化遗产的旅游过程。“游”可以从以下几个方面拓展。

1. 定制化旅游线路

企业可根据老年人的兴趣、身体状况和特殊需求，设计适合他们的旅游线路，如历史文化探访、自然风光欣赏、乡村休闲游等。在设计这些定制化旅游线路时，企业需要充分考虑老年人的身体状况和特殊需求，安排合适的行程节奏，提供舒适的交通工具，确保住宿和餐饮的卫生与安全。

2. 慢旅游模式

慢旅游强调悠闲、深度的游览方式，减少紧凑的行程安排，给予老年人更多的时间以享受风景和体验当地文化。

3. 特色景点开发

企业可开发适合老年人的特色景点，如老年友好型博物馆、植物园、温泉疗养地等，提供便捷的游览设施和解说服务。

（二）娱

“娱”指的是能丰富老年人的精神文化需求的相关旅游娱乐活动。“娱”可以从以下三个方面来开发。

1. 文化娱乐活动

企业可组织书法、绘画、戏曲欣赏等文化活动，让老年人在旅游中享受文化乐趣。

2. 体育健身活动

企业可开展适合老年人的体育健身活动，如太极、瑜伽、散步等，促进老年人的身心健康。

3. 社交娱乐活动

企业可组织茶话会、舞会、交流会等活动，促进老年人之间的社交互动。

（三）用

“用”即为老年人提供旅游所需要的各类用品，为老年人的旅游提供方便。“用”可以从两方面进行开发。

1. 老年专用产品

企业可开发适合老年人使用的旅游用品，如便携座椅、拐杖、健康监测设备等。

2. 纪念品与特产

企业可设计具有地方特色的纪念品。企业应深入挖掘地方文化特色，设计一系列具有独特魅力和纪念意义的纪念品。除了纪念品之外，企业还可以开发更多的适合老年人的特产，如老年食品、手工艺品等。老年食品是老年人的首选。企业可以开发各种具有滋补功效的食材，如红枣、枸杞、蜂蜜等，制作成方便携带的小包装，让老年人在旅途中也能享受到健康、美味的食品。同时，手工艺品也是开发重点。企业可以挑选具有地方特色的手工艺品，如刺绣、陶瓷、木雕等。这些手工艺品既具有观赏价值，又能作为家居装饰品为老年人的生活增添艺术气息。

（四）医

企业可以从医疗旅游和紧急医疗救助两个方面进行尝试。

1. 医疗旅游

企业可结合当地医疗资源，提供医疗体检、康复疗养等服务，满足老年人对自身健康的需求。

2. 紧急医疗救助

企业应建立完善的紧急医疗救助机制，确保老年人在旅游过程中的安全。

（五）养

“养”强调对老年人的护理，注重老年人的康养休闲需求。在养老产业与旅游产业耦合发展过程中，企业可以积极开发一些康养旅游产品，为老年人提供“养”的服务。

在这一方面，康养度假村以及生态康养游是一大趋势。

1. 康养度假村

企业可开发、建设集住宿、餐饮、康养于一体的康养度假村，提供瑜伽、冥想、温泉疗养等康养服务。

2. 生态康养游

企业可利用自然资源，开展森林浴、海边散步、山间徒步等生态康养游，让老年人在大自然中放松身心。

（六）学

企业可针对老年人在知识、文化方面的学习需求开发相应产品或服务，促进老年人的精神成长与交流互动。

当前较为流行的是老年大学旅游班以及相关的技能学习。老年大学旅游班可结合旅游目的地的特点，教授相关的历史、文化、艺术方面的课程，满足老年人的学习需求。另外，有的养老机构还开设了烹饪、手工艺、摄影等学习课程，而且定期会到外地开展交流活动，让老年人在学习和旅游中获得新技能。

四、产品功能策略

所谓产品功能，指的是产品能为用户提供的具体使用价值或服务，它是产品存在的核心目的和基本属性。简而言之，产品功能就是产品能做什么，或者它能满足用户哪些需求。这些功能可以是具体的，如一个手机的通话功能、拍照功能；也可以是抽象的，如一个软件的信息处理功能、用户界面提供的便捷操作体验。产品功能的设计和实现直接关系到产品的市场竞争力和用户满意度，因为用户选择和使用产品的根本原因就是产品能够提供他们所需要的功能或服务。如果产品失去了其应具备的基本功能，那么它就失去了满足用户需求的能力，进而也就失去了其作为产品而存在的意义。养老产业与旅游产业在耦合发展过程中要实现实质性飞跃，需要在产品功能上下功夫。

随着社会进步以及老年人群消费观念的逐渐升级，传统以单一观光为主要功能的养老、旅游方面的产品已经不能满足日益多元化的市场需求。在新的时代浪潮下，针对老年人的相关产品变得越来越多，越来越多元化、综合化、个性化，产品在功能方面也不断拓展。一般而言，养老产业与旅游产业在耦合发展中可以拓展以下三个层面的产品功能。

（一）基层功能拓展

基层功能拓展主要以休闲娱乐为主，其核心在于为老年人提供一个放松身心、享受生活的平台。这一层面的产品设计需充分考虑老年人的兴趣爱好与身体状况，力求在娱乐性与参与性之间找到最佳平衡点。这一层面的相关产品相对比较单调，企业可以在考虑老年人兴趣爱好与身体状况的基础上，增加一定的娱乐性，从而使养老产业与旅游产业在耦合发展过程中实现娱乐性与参与性的平衡。

比如，相关企业可以开发一系列集趣味性、知识性于一体的互动游戏，如历史文化寻宝、手工艺品制作体验等，让老年人在轻松愉快的氛围中感受文化的魅力，增进同伴间的交流与友谊。企业还可以利用现代科技手段，如虚拟现实（VR）技术，为老年人创造身临其境的观光体验，让他们在安全的室内环境中就能“游历”世界名胜古迹，享受前所未有的视觉盛宴。

（二）中层功能拓展

在这一层面，鉴于老年人群对健康的高度关注，相关企业可以开发融医疗资源、定制化康养为一体的健康服务，具体包括以下几个方面。

（1）组织专业的医疗团队开展老年人全面健康检查，为每位老人量身定制健康管理计划。

（2）开设疗养保健课程，如瑜伽、太极等低强度运动，以及中医讲座，引导老年人学习科学的健身方法。

（3）设立健康咨询站，要求医疗专家现场答疑解惑，让老年人在旅途中能得到专业的健康指导和照顾。

（4）结合当地的自然疗养资源，如温泉、森林氧吧等，开展特色疗养项目，让老年人在享受自然美景的同时，促进身心的全面健康。

（三）高层功能拓展

高层功能拓展是相关企业开发老年产品功能的最高层面。在这一层面，企业所提供的服务不仅包括身体上的放松与恢复，还包括心灵的成长。企业主要通过创新适合老年人特点的学习环境和学习方式，鼓励老年人继续学习，实现自我价值。

比如，相关企业可以开设老年大学旅行班，开发老年人感兴趣的课程，在授课方式上采用线上、线下相结合的方式，让老年人在旅行中学习，在学习中旅行，这样既满足了他们对知识的渴望，也丰富了老年人的精神世界。企业还可以组织老年人参与地方文化的保护与传承活动，如参与非物质文化遗产的学习与相关艺术品制作，让老年人在亲身体验中感受文化的魅力，增强文化自信，实现老有所学、老有所为的愿望。

第三节 市场营销策略

企业通过创新市场营销策略可以挖掘尚未满足和尚未开发的潜在市场需求，不断拓展新的产业和新的市场。养老产业与旅游产业在耦合发展过程中可以从地域市场和业务市场两个方面实施相应的市场营销策略。

一、地域市场

这里引入旅游客源地概念，来探讨养老产业与旅游产业耦合发展的地域市场策略。

（一）旅游客源地

旅游客源地是旅游学的一个重要概念，指的是那些具备一定人口基数和经济实力、能持续向特定旅游目的地输送游客的地理区域。

旅游客源地这一概念强调旅游活动的空间属性和游客来源地的经济、人口特征，为旅游市场需求分析提供了重要参考。

旅游客源地按其与旅游目的地的空间关系、市场覆盖范围、功能特性等可以划分为以下四种主要类型。

1. 区域性客源地

区域性客源地主要围绕特定的旅游目的地形成，通常位于旅游目的地的周边或邻近区域。区域性客源地为旅游目的地提供近距离的、高频次的旅游客源，如北京周边的天津、河北等地对于北京而言就属区域性客源地。区域性客源地的游客往往因地理邻近性而更倾向于短途旅行，他们对旅游目的地的选择受交通便捷度、文化亲缘性等因素影响较大。

2. 全国性客源地

全国性客源地范围更广，涵盖整个国家，适用于那些具有全国知名度乃至国际知名度的旅游目的地。例如，北京作为中国的首都，吸引着来自全国各地的游客，其客源市场遍布全国。全国性客源地的游客构成更加多元，他们的旅游动机和偏好也更加丰富多样。

3. 中转性客源地

中转性客源地特指那些拥有重要交通枢纽或具有国际口岸功能的城市或地区，它们不仅是旅游目的地，也是游客进出其他旅游目的地的必经之路，如北京、上海、广州等地，这些地方因国际机场、高铁站等交通设施完善，成为国际游客的重要集散地，促进了旅游客源的国际流动与中转。

4. 客源地国家

在国际旅游背景下，客源地国家是指那些向特定目的地国家输送游客的国家整体。这种类型划分强调了国际旅游中游客在国家间的流动，客源国与目的地国之间的政治、经济、文化关系直接影响游客的规模。

本书将养老产业与旅游产业在耦合发展中的市场营销策略按照距离远近分为近距离潜在客源市场、中远距离客源市场、国际客源市场三大类。

（二）发展路径

1. 近距离潜在客源市场的开拓

近距离潜在客源市场是养老产业与旅游产业等相关产业最容易开拓的市场。这一市场主要由周边或者相邻城市的老年人构成，这些老年群体对养老、旅游的需求往往是具体且即时的，短途休闲、康养体验等都是流行趋势。企业可通过以下三种路径开拓这一类型的客源市场。

（1）引导消费。相关企业可以通过社区讲座、健康咨询、体验活动等形式，为社区广大老年人普及旅游养老的益处，引导老年人改变传统养老方式，激发他们对相关养老服务的兴趣与需求。

（2）产品体验优化。针对老年人的真实需求，企业可以设计符合老年人身心特点的旅游产品，如慢旅行、康养度假等，提供个性化、定制化的服务，确保老年人真正通过旅游实现需求的满足。后续的产品体验需要及时收集，以此来不断优化产品，提升服务质量。

（3）创新促销策略。企业可以利用社交媒体、社区公告栏、老年大学等渠道，开展线上线下相结合的促销活动，如限时优惠、会员积分兑换等，来提升老年游客的忠诚度与参与度。

2. 中远距离客源市场的开拓

中远距离客源市场的开拓，要求养老产业、旅游产业等相关企业具备更强的市场洞察力与品牌影响力。中远距离客源市场的老年游客比较看重的是旅游目的地的特色、服务质量以及品牌信誉。针对这一需求，企业应该从以下几个方面切入。

（1）加强宣传与推广力度。养老产业、旅游产业的相关企业可以利用电视、广播、网络等多种媒体平台，对目标客群进行精准定位。现代大数据与人工智能技术发达，企业充分利用技术优势，可以更快、更精准地触及目标客群，实施个性化推广。另外，养老产业、旅游产业的相关企业还可以积极参与国内外的大型旅游展会，提高相关品牌的知名度。

（2）营销渠道的多元化。相关企业可以建立线上预订平台，与旅行社、养老机构、航空公司等建立合作伙伴关系，从而形成多渠道的营销网络。如今，利用 OTA（在线旅游代理商）平台营销具有较大的优势，企业应当利用好这一平台，拓展销售渠道。

（3）拓展主题营业推广活动。相关企业可以围绕老年人关心的健康、文化、社交等主题，策划一系列营业推广活动，如开展康养文化节、老年才艺展示活动等，增强老年游客的参与感与归属感。

（4）品牌战略。相关企业需要实施品牌战略，注意品牌形象的塑造和维护。企业通过优质的服务、独特的文化体验和良好的口碑传播，可以逐步建立起具有影响力的旅游养老品牌。

3. 国际客源市场的开拓

养老产业与旅游产业的耦合发展，需要开拓国际客源市场，这是相关产业走向世界的必经之路。面对文化差异、语言障碍等挑战，养老产业与旅游产业在耦合发展过程中需要从以下几个方面拓展国际客源市场。

（1）弘扬中华优秀传统文化。中华优秀传统文化博大精深，蕴含着丰富的智慧，有着独特的理念，其中的中医文化、茶文化、书法文化等都是中华优秀传统文化的代表，体现了中华民族对身心健康的追求与重视。在开拓国际客源市场时，企业可以将中华优秀传统文化的元素融入养老旅游产品中，如设计中医康养旅游线路，让海外老年游客亲身体验中医的望闻问切，了解中医的奥秘，参与中医理疗课程，感受中医在调理身体、预防疾病方面的独特功效。企业也可以安排茶艺表演、茶文化讲座，让游客在品茗的过程中领略中国茶文化的深厚底蕴，感受茶带来的宁静与和谐。书法是中华文化的瑰宝，企业可以开设书法体验课，让游客在挥毫泼墨中体会书法的韵律和美感，同时有助于游客修身养性、陶冶情操。企业将这些元素融入相关的养老旅游产品中，可以打造具有中国特色的品牌，以此吸引海外老年游客。而海外老年游客从中也能享受独特的服务，感受中华优秀传统文化的独特魅力。企业在这一过程中还能弘扬中华优秀传统文化，增强国际文化交流。

（2）加大国际市场的宣传。宣传是必不可少的。尤其在自媒体时代，信息传播速度快、覆盖范围广，适当的宣传能加强国际客源市场的老年游客对中国养老、旅游产业的了解。

企业可以通过参加国际旅游展会等进行宣传。国际旅游展会是展示中国养老、旅游资源的重要平台。展会可以直接向海外游客和旅游业界展示中国的养老环境、旅游设施和服务特色，吸引海外老年游客的关注和兴趣。社交媒体也是重要的宣传渠道，企业可以利用微博、微信、抖音等国际化的社交媒体平台，发布关于中国养老产业、旅游产业的精彩内容，如美景图片、视频介绍、游客评价等，让海外游客更加直观地了解中国的养老产业和旅游产业。

（3）加强国际合作。加强国际合作能为养老企业与旅游产业带来更多的发展机遇。企业通过与国际伙伴的紧密合作，可以共同拓展市场渠道，提升品牌影响力，实现互利共赢。养老产业与旅游产业的相关企业可以与国际养老产业、旅游产业的中间商、旅行社等建立长期的合作关系。在合作过程中，企业可以尝试与国际同行共同开发全世界范围内的旅游养老产品，设计出既具有吸引力又符合国际标准的养老旅游产品。同时，在开发过程中，企业要学习和借鉴国际先进经验，提升服务质量和国际化水平。

（4）适应国际化需求。由于文化差异的存在，不同国家和地区的游客在消费习惯、偏好以及服务需求方面都存在显著差异。因此，为了适应国际化需求，企业必须对服务进行有针对性的调整和优化。

一方面，企业需要深入了解国际游客的消费习惯和偏好，通过市场调研和数据分析，掌握老年游客的真实需求和期望。在此基础上，企业可以按照游客的需求提供定制的国际化标准服务，确保服务内容、服务方式和服务质量都能满足国际游客的期望。

另一方面，企业应积极引进和推广国际化的服务标准和规范，提升服务的专业化和规范化水平。例如，多语种导游服务已经成为市场上的常见需求，企业应加强导游队伍的多语种培训，提高导游的服务能力和水平。国际支付便利也是国际化服务的重要方面，企业应积极与国际支付机构合作，为游客提供便捷、安全的支付服务。

二、业务市场

在养老产业与旅游产业耦合发展过程中，其业务市场也是巨大的，表现为市场需求旺盛、服务内容丰富、跨界融合明显。养老产业与旅游产业的相关企业可以积极开发原有业务市场、相关业务市场以及跨行业业务市场。

（一）原有业务市场的开拓

原有业务市场是传统的业务市场，养老产业与旅游产业在耦合发展过程中，需要立足该业务市场，同时进一步拓展多元化领域。围绕“食、住、行、游、娱、用、医、养、学”等全方位的服务链条，相关企业需要挖掘各环节的市场潜力，针对老年人的真实需要提供更加细致入微的服务。例如，在饮食方面，可以推出适合老年人口味的健康餐；在住宿上，打造适合老年人居住的舒适、安静、安全的环境；在出行上，提供便捷无忧的交通服务。

另外，企业还需要在原有业务市场进一步提升市场竞争力。相关养老、旅游企业需要加强市场调研，针对不同人群特点和需求细分市场，如按照消费档次可以细分为高端市场、中端市场、低端市场；按照消费动机可以细分为游览娱乐型市场、保健疗养型市场、探亲访友型市场、“候鸟安居型”市场。企业可根据不同的消费动机提供不同的服务。对于游览娱乐型市场，企业应设计丰富多彩的旅游活动；对于保健疗养型市场，企业应注重提供医疗、康复等服务；对于探亲访友型市场，企业应关注老年人的情感需求，提供便捷的探亲服务；而对于“候鸟安居型”市场，企业则可以针对喜欢在不同季节迁徙居住的老年人提供舒适、宜居的养老环境。

（二）相关业务市场的开拓

中年人群与旅游产业有密切关联，但似乎与养老产业关联较少，但中年人群未来也将成为老年群体。发展相关业务市场主要围绕中年人群，积极寻求与养老、健康等领域的深度耦合，实现新的市场空间的开辟。养老产业与旅游产业在耦合发展过程中，可以依托自身的旅游资源和优势，推出一系列结合自然景观、人文风情、康养理念的旅游产品来满足中年人的需求，如今出现的康养度假游、中医理疗体验游等，就是对旅游康养市场的开拓。

相关业务市场的开拓还包括探索旅游健康市场。养老产业与旅游产业在耦合发展中可以通过整合健康咨询、体检服务、运动健身等资源，为游客提供一站式的健康旅游体验。而中年人群在这一过程中可获得身心的放松和美好的体验。这种跨领域的市场拓展，在一定程度上丰富了产品服务线，也为两大产业的耦合发展注入了新的活力。

（三）跨行业业务市场的开拓

相关企业在发展过程中可以充分发挥其品牌优势、资金优势、客源网络优势，实行跨行业业务市场的开拓。相关产业可以实行招商引资，将业务范围拓展至与养老、旅游产业能产生协同效应的领域。例如，利用品牌影响力和客源优势，相关的企业可以与医疗健康、教育培训、房地产等行业的企业进行深度合作，共同开发综合性的项目。

需要强调的是，在养老产业与旅游产业耦合发展的过程中，相关企业需要保持敏锐的市场洞察力，不断寻求新的合作机会，以创新思维，推动养老产业与旅游产业的深度耦合与共同发展。

第四节　供应链策略

养老产业与旅游产业耦合发展的供应链策略指的是创新养老产业与旅游产业相关企业供应链的类型、流程、物流技术等，从而提高两大产业的交易效率。

一、供应链横向一体化

供应链横向一体化指的是养老产业与旅游产业两大产业通过整合相似或者相关环节企业资源、业务流程和市场渠道，形成紧密的合作关系，以更好地实现资源共享、优势互补、市场共拓、协同发展。

（一）供应链横向一体化的要素

供应链横向一体化的核心要素包括资源整合、流程协同、渠道共享、协同创新等。资源整合是将养老产业与旅游产业中的相似或者相关资源（客户资源、旅游资源、养老服务资源）进行整合，以提高资源利用效率，降低运营成本。流程协同是指通过优化两个产业中的业务流程，实现业务流程的无缝对接，从而提高服务质量和顾客的满意度。渠道共享也就是两大产业的渠道实现共享，从而在一定程度上拓宽了市场覆盖范围，提高了市场竞争力。协同创新指的是在产品开发、服务创新等方面进行协同合作，共同推动养老产业与旅游产业的耦合发展。

（二）优势与意义

供应链横向一体化的优势与意义可以概括为以下几点。

1. 提升效率

供应链横向一体化可以促进效率的提升，不仅体现在成本降低上，还体现在服务质量的提高上。企业效率的提升能更快地响应市场需求，提供更符合客户期望的产品和服务，从而赢得市场口碑和客户信赖。企业可以通过资源整合和业务流程协同提高整个供应链的效率，也可以加快业务流程，使信息流通更加顺畅，决策更加迅速、准确，从而提高整个供应链的运行效率。

2. 拓宽市场

供应链横向一体化可以实现客户数量的增加，也就意味着市场份额的提升，市场品牌影响力的扩大。通过共享市场渠道，企业可以打破地域和行业的限制，将产品和服务推向更广阔的市场。

3. 促进创新

在养老产业与旅游产业的耦合发展中，创新是推动产业创新发展的关键。供应链横向一体化发展可以使企业汇聚各方智慧和力量，共同研发新产品、新技术和提供新服务，满足老年人群对高品质旅游养老服务的多样化需求。

4. 增强竞争力

相关企业通过供应链横向一体化，可以形成更强的市场竞争力，共同应对市场挑战和风险。

（三）实施方式

在发展供应链横向一体化中，实施方式非常重要，它直接影响着两大产业的耦合发展进程及速度。供应链横向一体化的实施方式包括以下三个方面。

1. 实行战略联盟

战略联盟主要是通过签订正式的合作协议，明确双方的合作目标、原则、方式及责任分配，为后续的深入合作提供条件。战略联盟不仅能为双方提供交流的平台，还能促进双方在战略规划、市场定位、产品开发等方面的协同与一致。通过共同制定发展规划，相关企业能明确合作的重点以及合作的方向，从而确保资源的合理利用。

2. 拓展业务合作

业务合作是战略联盟的具体实践。养老产业与旅游产业的相关企业在开发产品时，可以共同设计符合老年人需求的旅游路线，融合养老与旅游的特色元素，如医疗康养、文化体验、休闲度假等，打造独具特色的养老旅游产品。在推广养老旅游服务方面，双方可以共同推广，这就将各自的产业渠道与资源进一步整合，吸引更多的潜在客户，转化为更高的经济效益。

3. 开展资本合作

资本合作指的是相关企业通过股权合作、投资并购等方式实现深度合作。资本合作的开展使养老产业与旅游产业建立起更加紧密的利益共同体，实现了资源的深度整合。

资本合作的方式之一是股权合作。股权合作可以为养老产业、旅游产业提供资金支持和资源支持，增进两大产业在管理、技术、人才等方面的交流与共享。

资本合作的另一方式是投资并购。投资并购可使两大产业在短时间内扩大市场份额，提升品牌影响力，从而实现规模效益与协同效应。

当前，一些企业已经开始探索养老产业与旅游产业耦合发展的供应链横向一体化。有部分养老机构与旅行社合作开发养老旅游线路，为老年人提供集休闲、度假、康养于一体的旅游养老服务。还有一些旅游景区与养老机构合作，为老年人提供临时照料服务，满足他们在旅游过程中的特殊需求。这些都是供应链横向一体化的表现。

二、供应链纵向一体化

供应链纵向一体化是指养老企业、旅游企业及相关企业通过一系列战略手段，如自建、控股、参股、并购等，对旅游养老供应链的上下游关联企业进行整合与控制，形成从上游至下游的物流、信息流、资金流的全面集成与协同管理模式，从而进一步深化产业链整合，提升旅游养老企业在市场中的竞争力和价值创造能力。

（一）供应链纵向一体化的要素

供应链纵向一体化的要素包括上下游企业、整合手段、“三流”集成、协同管理。其中上下游企业包括提供原材料、服务和技术的上游供应商和负责分销、零售的下游企业。整合手段主要通过自建、控股、参股、并购等实现对上下游企业的有效控制。“三流”集成是物流、信息流、资金流在供应链中的流动与整合。协同管理指的是通过统一的管理体系实现供应链各环节之间的协同作业与资源共享。

（二）优势与意义

供应链纵向一体化的优势与意义可以概括为以下几点。

1. 提高运营效率

供应链纵向一体化可以实现采购、生产、运输、仓储等活动的无缝衔接，提高整体运营效率。

2. 降低成本

供应链纵向一体化通过规模经济、集中采购、减少中间环节等方式，降低供应链成本。

3. 提高市场响应速度

供应链纵向一体化可以快速捕捉市场需求变化，灵活调整产品和服务策略，增强市场竞争力。

4. 提高风险抵御能力

供应链纵向一体化通过多元化经营和供应链整合，可以分散风险，提高抗风险能力。

（三）实施方式

在实施供应链纵向一体化的过程中，养老产业、旅游产业的相关企业可以采取多种策略来深化产业链整合，主要包括自建、控股、参股、并购四种实施方式。

1. 自建

自建是一种直接且有力的整合方式。养老产业、旅游产业的相关企业可以选择直接投资建设供应链上下游的关键环节，如自建养老院、旅游度假村、医疗康复中心等。相关企业通过自建能够完全掌控关键环节，确保服务质量和产品标准的统一。同时，自建也减少了中间环节，在一定程度上降低了成本。

自建能为企业带来长期的资产增值和稳定的收益来源，如企业可以在风景秀丽的地区自建养老院，结合当地的旅游资源，为老年人提供集居住、康养、旅游于一体的全方位服务，从而吸引更多老年消费者，实现稳定的收益。

2. 控股或参股

控股或参股指的是企业通过股权合作，实现对上下游企业的控股或参股，进而参与企业的经营决策和利润分配。控股或参股不仅能使养老产业与旅游产业的相关企业获得上下游企业的资源和能力，还能实现利益共享和风险共担。通过这种方式，企业可以与上下游企业形成紧密的合作关系，共同应对市场变化，提升整个供应链的竞争力。例如，养老企业可以控股一家旅游运输公司，这样旅游、养老服务的运输环节就得到可靠保障，还实现了利润增长。

3. 并购

并购是一种快速且直接的整合方式。通过直接收购或兼并上下游企业，旅游养老企业可以迅速获取其资源、技术和市场渠道，实现供应链的快速扩张和升级。

并购还能带来规模经济效应，降低运营成本，提高市场竞争力。例如，养老产业的相关企业收购一家具有丰富旅游资源的旅行社，可以开发相关的为老年人服务的旅游产品，这样不仅丰富了自身的旅游产品线，还提升了市场影响力，不失为一种有益尝试。

三、供应链网络化

供应链网络化指的是通过互联网、大数据、云计算等现代信息技术手段，将养老企业、旅游企业等相关企业与其上下游合作伙伴（原材料供应商、产品制造商、服务提供商、分销商）等连接起来，形成一个高效、协同、信息化的网络体系。这个体系涵盖了传统的供应链环节，如采购、生产、运输、仓储等，也融入了养老产业与旅游产业及相关产业的特殊需求，涵盖健康管理、医疗服务、旅游规划、养老服务等，实现了线上线下供应链的深度耦合以及功能互补。

（一）供应链网络化的要素

养老产业与旅游产业发展的供应链网络化涵盖信息技术、网络交易平台、合作伙伴以及协同机制等要素。信息技术包括互联网、物联网、大数据、云计算、人工智能等内容，这些是供应链网络化的技术基础。网络交易平台主要为养老产业、旅游产业相关企业与供应商、生产商、分销商等提供线上交易、信息交流与合作的平台。合作伙伴涵盖养老产业与旅游产业等相关产业的各个环节的企业，这些合作伙伴包括老年人用品制造商、医药与医疗器械制造商、健康用品生产商、旅游商品加工商、养老地产开发商等。协同机制即确保供应链各环节之间信息共享、风险共担、利益共享的协同工作机制。

（二）供应链网络化的优势

供应链网络化的优势可以概括为以下几点。

1. 促进产业升级

供应链网络化可以推动养老产业和旅游产业的深度耦合，催生新的业态和商业模式。

2. 提升创新能力

供应链网络化可以促进跨行业、跨领域的合作，激发创新灵感，推动产品和服务的持续创新。

3. 提高社会效益

供应链网络化可以提高养老服务的可及性和质量，满足老年人多元化、个性化的需求，促进社会和谐。

（三）实施方式

在推动养老产业与旅游产业耦合发展过程中，供应链网络化的实施方式涵盖以下几个方面。

1. 构建信息化平台

信息化平台具备强大的数据处理能力，同时能确保数据的安全性与可靠性，为构建信息系统奠定了基础。信息技术是实现供应链网络化的基础，企业应当选择适合养老产业与旅游产业耦合发展的云计算平台与服务商，确保数据的安全与可靠。

同时，供应链网络化在实施过程中还应当注重用户界面的设计，应当充分考虑老年人的使用习惯和真实需求，如字体大小、色彩搭配、操作流程等，设计出便于操作、界面友好的网页，提升老年用户的使用体验。

2. 发展电子商务

电子商务是实施供应链网络化的重要方式，是企业拓展市场的重要渠道，因此企业要实现精准触达目标人群，需要拓展电子商务。通常企业需要利用大数据分析用户行为，洞察消费趋势，从而制定更加精准的营销策略和进行个性化推荐。

至于营销方式，企业可以采取线上线下融合的方式，通过直播带货吸引线上流量，再结合线下体验店提供沉浸式服务，从而打造全方位、多层次的购物体验。

3. 培养专业人才

专业人才可以为供应链网络化的持续发展提供动力。供应链网络化相对复杂，对人才要求较高，需要企业拥有一批复合型人才。

复合型人才的培养需要建立完善的培训体系，涵盖供应链管理、信息技术、市场营销等多个领域的内容。在具体操作上，相关企业可以与高校、科研机构建立产学研模式，培养具备理论知识与实践经验的复合型人才，为供应链网络化提供源源不断的人才支持。

第五节　组织发展策略

养老产业与旅游产业耦合发展的组织发展策略指的是通过优化、创新养老产业与旅游产业相关企业的组织与管理制度，提升相关产业的生产效率，促进生产力水平的提升。

组织发展策略主要通过养老旅游相关企业联合体、养老旅游相关企业集团、养老旅游产业集群来实现。

一、养老旅游相关企业联合体

在养老产业与旅游产业的耦合发展过程中，养老旅游相关企业联合体作为一种创新的经济组织模式，在未来有着巨大的潜力。养老旅游相关企业包括多家单体企业，这些企业基于共同的发展愿景和利益诉求，通过签订契约的方式，所构建起来的经济合作网络就是养老旅游相关企业联合体。在这个经济合作网络中，各企业相对松散，但富有活力。养老旅游相关企业联合体不同于紧密型企业集团，其成员之间并不追求股权上的耦合或控制，而侧重于资源共享、优势互补、业务协同，目的是共赢发展。

（一）养老旅游相关企业联合体的特征

养老旅游相关企业联合体的特征体现为组织结构的独立性与合作性。

1. 独立性

联合体成员企业保持着高度的独立性，它们各自拥有完整的所有权和经营权，能够根据自身特色和市场变化灵活调整经营策略。这种松散的结构避免了因过度集中而产生的决策效率低下和创新能力受限的问题。

2. 合作性

联合体内部建立了一套基于共识的运作机制，包括联合体公约、信息共享平台、合作协调机制等，确保成员企业能够在平等、互利的基础上开展合作。通过定期的经验交流、业务培训和市场分析，成员企业能够不断提升自身服务水平，共同应对市场挑战。除此之外，联合体还通过统一的市场开发和营销策略，增强整体品牌影响力和市场竞争力，为成员企业带来了更多的业务机会和发展空间。

（二）养老旅游相关企业联合体实施的意义

实施养老旅游相关企业联合体有着深远的意义，主要表现在以下几个方面。

1. 对企业发展的意义

从企业角度看，加入联合体有助于单体企业突破自身发展瓶颈，实现规模经济和范围经济。联合体可以以共享预定网络、信息服务、集中采购等方式，使成员企业降低成本、提高效率。联合体成员企业还可以进行业务合作与拓展，或者统一开发市场，拓展营销渠道，扩大品牌影响力，增强客户黏性。这些都为企业的发展提供了经济效益与竞争优势。

2. 对行业发展的意义

联合体促进了养老产业与旅游产业的深度耦合，从而推动了产业链的延伸与优化。随着老龄化社会的到来，养老旅游的市场需求增多，联合体能整合养老产业与旅游产业的各种资源，从而衍生出更加丰富、更具个性的产品与服务，满足老年人多样化的养老旅游需求。联合体成员之间在整合资源的基础上实现了服务升级和技术创新，在一定程度上提升了整个行业的服务质量和服务效率。

3. 对社会发展的意义

从社会发展角度来看，联合体通过提供高质量的养老、旅游方面的服务，不但满足了老年人的精神文化需求，还提高了他们老年生活的品质，同时企业的发展、产业的发展促进了消费的升级与经济的增长。

联合体还带动了就业，为社会的稳定与繁荣做出了贡献，可以说养老旅游相关企业联合体的出现与发展顺应了时代发展潮流，对社会发展具有积极的意义。

二、养老旅游相关企业集团

养老旅游相关企业集团不是几个旅游企业或养老企业的简单联合，而是基于共同的战略目标与市场地位，通过股权合作、管理协议或者战略联盟等形式，将具有独立法人资格但业务互补的企业紧密连接成一个协作的有机整体。与养老旅游相关企业联合体的“合作共赢”相比，养老旅游相关企业集团更强调“一体化”运作。

（一）养老旅游相关企业集团的特征

养老旅游相关企业集团的特征体现为整合性与协同性。

1. 整合性

在资源整合上，集团能够打破单一企业资源有限的瓶颈，实现资金、技术、人才、品牌等多方面的共享与优化配置。比如，通过统一采购降低运营成本，通过共享客户资源拓宽市场边界，通过技术交流平台提升服务质量。

2. 协同性

在业务协同上，集团内部各企业既能保持相对的独立性和灵活性，又能根据市场变化迅速调整策略，形成合力，共同开发新产品、新市场，满足老年人对于“旅游 + 养老”的复合型需求。协同性还表现为集团具备较强的风险抵御能力，能通过多元化经营分散风险，确保整体运营的稳定性。

（二）养老旅游相关企业集团实施的意义

1. 宏观意义

从宏观层面看，实施养老旅游相关企业集团可以应对人口老龄化的挑战，也能引领经济结构的优化。随着全球老龄化趋势的加剧，养老旅游市场有着巨大的潜力。养老旅游相关企业集团的运作模式可以通过整合资源，配置资金、技术、人才等资源，推动养老旅游产业的标准化、专业化发展。另外，实施养老旅游相关企业集团还能促进区域经济的均衡发展，缩小城乡、区域间的差距，为实现社会的全面、协调、可持续发展贡献力量。

2. 中观意义

从中观层面讲，养老旅游相关企业集团对于提升旅游养老产业的整体竞争力具有举足轻重的作用。通过规模化经营，企业集团能形成品牌效应，增强市场影响力和话语权。企业集团还通过产业链上下游的合作与发展，构建良性循环的产业生态体系，从而降低了交易成本，提高了产业效率。

3. 微观意义

从微观层面看，养老旅游相关企业集团也给企业以及消费者带来了实实在在的好处。对于企业来说，集团的内部协作与分工能使资源得到合理利用，为降低运营成本、提高服务品质提供支持。集团的品牌效应以及规模效应也能提升企业的知名度和美誉度，赢得更多的客户和市场机会。

对于消费者来说，养老旅游相关企业集团带来服务品质的提升以及价格的降低。消费者（老年人）可以享受更加个性化、高品质、便捷的养老旅游服务，满足其对美好生活的向往。服务的升级还表现在消费者有了更多的选择空间和更多的服务保障，让消费者在享受养老旅游的同时能更舒心和更安心。

三、养老旅游产业集群

养老旅游产业集群是一种新型的产业发展模式，该模式超越了传统养老与旅游服务的简单叠加，在特定的地理或虚拟空间中，通过高度集成或协同各类养老旅游资源，形成一个多维度、深层融合的产业生态系统。该系统涵盖养老旅游的全方位服务，包括医疗保健、文化娱乐、旅游体验、后勤支持等多个功能模块，且各模块之间以地理邻近性或数字平台为纽带，紧密相连，构建了一张覆盖老年人多元化需求的服务网络。

（一）养老旅游产业集群的特征

养老旅游产业集群的特征体现为集成性、融合性、创新性、灵活性。

1. 集成性与融合性

养老旅游产业集群打破了传统行业壁垒，将原本分散于各领域的服务资源、医疗设施、旅游景点与文化活动紧密结合在一起，为老年人提供了一站式、全方位的养老旅游体验。这种集成不仅体现在物理空间的集聚上，还将服务内容、运营模式和文化理念进行了深度耦合，使得集群内的各个组成部分能够相互补充、相互促进，共同提升整体服务质量和效率。

2. 创新性与灵活性

在集群内部，企业之间通过共享资源、交流信息，激发了创新活力，推动了新技术、新模式的不断涌现。同时，集群能够迅速响应市场变化，根据老年人的需求调整服务内容，满足其日益增长的个性化、多样化需求。

（二）养老旅游产业集群实施的意义

1. 经济层面的意义

养老旅游产业集群的实施为产业链的上下游企业搭建了一座交流与合作的桥梁，不仅降低了因信息不对称、物流不畅等造成的交易成本，还通过资源共享、系统作业提高了整个产业链的资源利用率。

范围经济效应和规模经济效应的双重叠加使得集群内的企业以较低的成本提供更优质的服务，从而在市场竞争中占据优势地位。产业集群还能进一步增强品牌影响力和市场吸引力，从而吸引更多的消费者，而庞大的消费群体又进一步吸引资本、人才、技术的涌入，为产业的持续创新升级提供源源不断的动力。

养老旅游产业集群还能促进区域经济的均衡发展。偏远地区的旅游资源丰富，发展养老旅游产业集群不仅能利用当地的自然和文化资源，还能带动相关产业的发展，如餐饮、住宿、交通、零售等，从而创造大量的就业机会，提高当地居民的收入水平。养老旅游产业的发展需要建设基础设施和不断提升服务水平，这些无疑为乡村振兴和区域经济转型注入了新的活力。

2. 社会层面的意义

养老旅游产业集群为老年人提供了一个集休闲、康养、学习、社交于一体的多元化平台，还在一定程度上重塑了社会对老年群体的认知。养老旅游产业倡导老年人走出家门，参与社会活动，通过学习新知识、结交新朋友来丰富晚年生活。这些社会活动提升了老年人的身心健康水平，促进了代际的交流与理解，增强了家庭和社会的和谐稳定。

从更深的意义上讲，养老旅游产业集群的发展还促进了社会服务的均等化发展，使偏远地区或者经济欠发达地区的老年人也能享受到高质量的养老服务，缩小了城乡、区域间的养老服务差距。

第六章
养老产业与旅游产业耦合发展的体系构建

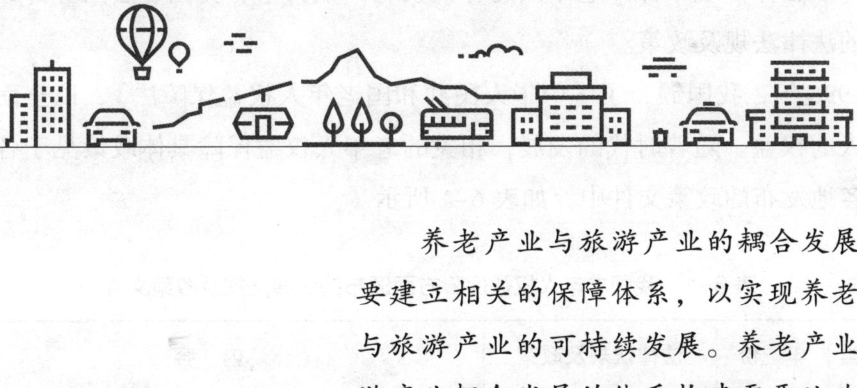

养老产业与旅游产业的耦合发展，需要建立相关的保障体系，以实现养老产业与旅游产业的可持续发展。养老产业与旅游产业耦合发展的体系构建需要从政策支持、产业支持、公共服务、人才培养等方面入手，需要政府、行业、社会组织、企业等共同参与。

第一节　政策支持与产业支持

成熟的法律与健全的政策是推动养老产业与旅游产业耦合发展、实现可持续发展的前提。我国的养老产业与旅游产业目前正在不断地寻求耦合的契机，并逐步得到相关政策的支持。另外，养老产业与旅游产业的耦合发展也需要紧跟时代步伐，不断调整产业布局，促进新的产业形态的发展。

一、政策支持体系

养老产业与旅游产业耦合发展需要有健全的法律法规。目前，发达国家颁布了许多法律法规来保障老年人的各项权利，如日本、美国、法国等都颁布了相关的法律法规及政策。

1996 年，我国颁布了《中华人民共和国老年人权益保障法》，以全面保障老年人的权益。随着时代的发展，相关的老年人权益保障具体政策见于各部委以及各地发布的政策文件中，如表 6–1 所示。

表 6–1　我国老年人权益保障方面颁布的法律法规及政策文件

分　类	年　份	法律法规及政策	内　容
法律	1996 年	《中华人民共和国老年人权益保障法》	保障老年人合法权益，发展老龄事业，弘扬中华民族敬老、养老、助老的美德。它规定了老年人在家庭赡养与扶养、社会保障、社会服务等方面的权益，并禁止歧视、侮辱、虐待或遗弃老年人

续　表

分　类	年　份	法律法规及政策	内　容
政策文件	2023 年	《产业结构调整指导目录（2024 年本）》	明确鼓励老龄服务、托育服务、养老与托育服务人才培养等产业的发展
	2023 年	《关于加强养老服务人才队伍建设的意见》	从满足老年人多样化、多层次、高品质养老服务需求出发，以发展养老护理员等养老服务技能人才为重点，从拓宽人才来源渠道、提升人才素质能力、健全人才评价机制、重视人才使用管理、完善保障激励措施等方面进行了全方位制度设计
	2024 年	《关于全面实施个人养老金制度的通知》	明确自 2024 年 12 月 15 日起，在中国境内参加城镇职工基本养老保险或者城乡居民基本养老保险的劳动者，均可以参加个人养老金制度。税收优惠政策的实施范围从 36 个先行城市（地区）同步扩大到全国。个人养老金产品范围也在现有基础上进行了丰富，包括国债、特定养老储蓄、指数基金等
	2024 年	《关于发展银发经济增进老年人福祉的意见》	提出 4 个方面 26 项举措，主要为了积极应对人口老龄化，促进事业产业协同，加快银发经济规模化、标准化、集群化、品牌化发展，培育高精尖产品和高品质服务模式，让老年人共享发展成果，安享幸福晚年
	2024 年	《关于进一步加强适老化无障碍出行服务工作的通知》	旨在加快推进无障碍出行环境建设，进一步加强适老化无障碍出行服务工作
	2024 年	《关于进一步优化支付服务提升支付便利性的意见》	强调要聚焦老年人等群体支付不便的问题，进一步优化支付服务，提升支付便利性
	2024 年	《关于进一步促进养老服务消费 提升老年人生活品质的若干措施》	进一步推动养老服务高质量发展，挖掘养老服务消费潜力，更好地满足老年人服务需求，提升老年人生活品质

为了促进养老产业与旅游产业的耦合发展，我国应该优化相应的法律法规，具体可以从以下几个方面着手。

（一）完善《中华人民共和国老年人权益保障法》

我国应进一步保障老年人的相关权益，突出强调养老等相关的服务产业的法律地位，同时明确利益相关者的各项权利与义务，以促进养老产业与旅游产业更好地耦合发展。

（二）完善相关的配套法规

我国应根据养老产业、旅游产业的发展制定相应的保障老年人养老权益、养老金的政策法规，制定鼓励养老机构发展的政策法规，进一步规范养老机构经营与管理，扶持养老行业人才发展，明确政府在提供养老社会福利及产业监管中的职责与义务，指导养老产业规划与发展路径，以及推动实现各地区老年人医疗保险制度的统一。这些多样化的政策法规将从多维度出发，共同推动养老旅游产业的进步。同时，我国应注重各法规的相互衔接与协调，构建起一套完整的养老产业法律框架，为养老旅游产业的蓬勃发展创造有利的法治环境。

（三）健全政策体系

政府部门应当构建并优化、支持养老产业与旅游产业耦合发展的政策框架，各地方政府需根据本地养老旅游行业的现状特征及长远规划蓝图，紧密围绕养老产业与旅游产业的战略定位，设计一套具有本地特色的养老产业与旅游产业等相关的政策支持体系。这一体系应当涵盖产业促进政策、税收优惠、财政补贴机制、多元化投融资策略等。

1. 优化产业政策

所谓产业政策，指的是政府运用经济手段从宏观层面调节产业间的资源分配以及企业的经营活动而采取的政策。养老产业与旅游产业发展多年的国家的发展经验证明，产业政策在推动养老产业与旅游产业发展上有着重要的意义。

产业政策包括产业定位政策、产业市场政策、产业导向政策、产业布局政策、产业投入政策等。政府应当从战略层面认识到养老产业与旅游产业耦合的重要性，在制定相关产业时应重点扶持养老产业与旅游产业的发展。

在产业定位政策上，政府需要明确养老产业与旅游产业的耦合在国民经济中的地位，其耦合所产生的新兴产业将成为未来发展的支柱产业。

在产业市场政策上，政府需要坚持以市场为主导、以政府调控为辅的原则。一方面，养老产业与旅游产业耦合过程中的经营活动需要按照市场经济发展的规则开展。另一方面，政府也需要完善产业发展规划、基础设施、政策法规、市场环境、宣传推广、公共服务等。

在产业导向政策上，政府需要在养老产业与旅游产业耦合发展过程中坚持集约化的经营模式。这种经营模式将推动养老产业、旅游产业作为提升银发经济、旅游经济的重要方式，将进一步优化旅游经济结构，促进旅游产业的转型升级。

在产业布局政策上，政府需要打破各行各业的壁垒，实现资源的兼并与重组，从而培育一批新型的养老与旅游行业的企业。

在产业投入政策上，政府需要下大力气加大对重点养老企业、旅游企业的财政支持，应当在税收、投资、审批、贷款等方面给予养老企业、旅游企业更多的优惠政策，并扶持符合条件的企业上市。

2. 优化财税政策

财税政策是国家调控企业经营活动的重要行政手段，这一行政手段具有直接性。为了促进养老产业与旅游产业耦合发展，政府需要优化财税政策，主要包括以下三个方面。

（1）优化财政投资政策。在具体实施上，中央和地方财政应当增加对养老产业、旅游产业相关产业的投资，可以设立专项基金和定点投资项目，让那些具有示范性、导向性的养老旅游相关项目成为引领未来行业发展的风向标。在投资方式上，我国可以综合运用各级旅游发展（投资）基金、旅游专项资金、旅游国债、专项奖励等多种投资工具，投资养老产业与旅游产业相关项目。在支出结构上，我国需要优先支持那些成长前景好、产业辐射面广、具有潜力的养老产业与旅游产业相关企业，通过财政投资来带动地区养老、旅游产业的结构调整，从而实现转型升级。

（2）完善财政补贴政策。首先，政府应当对养老产业、旅游产业实施财政补贴，也就是对承担社会责任（如就业安置、社区扶贫、环境保护、文化传承等）的企业给予财政补助，鼓励其履行社会责任。其次，政府还需要提供财政贴息政策，也就是扶持成长潜力大但暂时缺乏资金的养老产业与旅游产业中的相关企业，通过财政贴息的方式来降低其融资成本。最后，政府应鼓励养老产业、旅游产业相关企业进行技术升级及产业升级的改造，通过奖励、补贴的方式激发其创新活力。

（3）优化税收政策。优化税收政策主要是指税收优惠。政府应在总体保持养老产业、旅游产业相关企业税负不增加的前提下，灵活运用多种税收优惠、税收减免、退税政策，以减轻企业负担。另外，政府还可以采取间接税收优惠政策，如采用资本减免、投资损失扣除、投资优惠、加速折旧、合并纳税、延期纳税、费用加计扣除、旅游创汇奖励、技术创新的税率优惠等间接税收优惠政策，形成政策合力，鼓励企业规模扩张和再投资。

3. 优化投融资政策

投融资政策是指为养老产业与旅游产业相关企业构建一个多元化资本投入的环境，确立以政府投资为指引、社会资本投资为主体的融资结构。为确保社会资本的权益，政府需从法律层面、政策层面为相关产业提供坚实保障，并激励民间及外国资本通过独资、合资、合作、入股、并购等多种途径参与相关企业的资本运作。此外，政府还应积极推动养老产业与旅游产业相关国有企业的体制改革与资产重组，鼓励这些企业采用包括股份制改革、借壳、买壳上市等在内的多种形式，成为上市公司，从而搭建起更广泛的社会资本融资平台，拓宽融资渠道，促进养老产业、旅游产业及相关产业的繁荣发展。

二、产业支持体系

要促进养老产业与旅游产业的耦合发展，产业支持非常重要。产业支持可以促进养老产业与旅游产业在耦合发展中高效配置市场资源，降低经营活动成本，为相关产业的发展提供良好的发展环境。

要构建产业支持体系，我国需要从以下几个方面入手。

（一）构建产业结构环境

养老产业与旅游产业的耦合发展，不仅要求这两个产业在业务层面的深度渗透，还需要在产业结构上进行调整，实现资源的合理开发利用。因此，构建产业结构环境是推动养老产业与旅游产业耦合发展的关键。

1. 促进养老部门与旅游部门的协调发展

养老产业与旅游产业的耦合发展意味着传统的产业边界被打破，新的业态、产品和服务将不断涌现。在这个过程中，食、住、行、游、娱、用、医、教等各个环节都将成为耦合发展的关键点。为了实现产业部门之间的协调与高效，我国必须注重两大产业部门及相关产业之间数量比例和经济技术关系的优化。在新的市场条件下，我国需要积极推动产业部门之间的耦合和重构，催生出更多适应市场需求的新业态。例如，我国可以开发集养老、休闲、旅游于一体的综合性养老社区，提供全方位、多层次的服务，满足老年人多样化的需求。

企业在提供相关服务和产品时，需要满足市场的多元化需求，在这一过程中市场起着决定性作用，市场供求关系的变化可以引导产业部门的发展。但市场不是万能的，需要政府实施政策引导、产业规划等宏观调控手段，这样才能实现养老产业与旅游产业的耦合发展。

2. 相关产业的关联

除了产业各部门之间的协调外，养老产业与旅游产业的耦合发展还需要注重相关产业的关联。在产业融合大背景下，业务边缘和市场边界逐渐模糊，不同产业之间的渗透不断加深，这些都为养老产业与旅游产业的耦合提供了广阔的空间。在具体实践中，我国应推进大养老旅游产业价值链的发展，将养老产业、旅游产业与相关产业紧密联系，从而形成产业集群效应。

为了加快相关产业的关联，我国需要构建养老产业、旅游产业与相关产业的利益纽带，规范行业合作机制与利益分配机制，在统一的发展战略目标指导下分工协作、协调发展。

一方面，养老产业与旅游产业内部各部门之间要形成紧密的合作关系，共同推动产业的发展。这包括旅游资源的开发、养老产品的设计、旅游服务的提供等环节。各部门之间需要规范利益分配机制，防止因内部利益分配不均而引发的恶性竞争。

另一方面，核心产业与支持产业之间要科学确定利益分配比例，确保各方的利益均衡。

3. 优化养老产业与旅游产业的所有制结构

在推进养老产业与旅游产业耦合过程中，要想提升资本的转化效率，提升市场活力，就需要优化相关产业的所有制结构，包括降低国有经济比例，提高非国有经济比例。政府应该降低民营和外资投资养老产业、旅游产业的政策门槛，鼓励私人资本、外资进入两大产业。

在具体实施上，政府可以制定一系列的优惠政策，吸引民间资本和外资投入相关的养老旅游项目中。在项目开发过程中，政府可以采用土地优惠、税收减免、贷款贴息等支持手段，降低企业的投资成本和风险。

（二）优化产业资源配置

要实现养老产业与旅游产业的耦合发展，需要优化产业资源配置。在这一过程中，我国需要确立市场在产业资源配置中的主导地位，并辅以政府的政策调控和引导，构建“大市场、小政府”的产业格局。

1. 市场主导

市场是优化养老产业与旅游产业耦合发展的基础，并在配置产业资源方面起着主导作用。市场机制以其灵敏、高效的特点，精准地反映市场需求和供给变化，引导资源向效益更高的领域流动。在养老与旅游产业的耦合发展过程中，市场机制可以促使资金、人才、技术等生产要素向具有竞争优势的养老企业、旅游企业聚集，推动这些企业不断壮大，形成产业龙头。同时，市场还能激励养老产业、旅游产业不断创新，从而开发出符合市场需求并具有特色的养老旅游产品，提高相关产业的竞争力和附加值。

市场主导要求我国必须建立完善的产业运行机制和现代企业制度。实施以市场机制为核心的产业运行机制和以法人治理结构为核心的现代企业制度，能确保资源在产业内部的自由流动和优化配置，提高企业的管理水平和运营效率，为企业的快速发展提供有力保障。

2. 政府辅助

市场并不是万能的，也会出现一些失效的现象，因此政府需要进行相应的政策调控和引导。政府应当制定相关的产业政策，明确产业发展方向和重点，为产业提供清晰的发展路径和政策支持，具体可以采取以下措施。

（1）加强市场监管和规范，打击市场上的不正当竞争行为，维护市场秩序和公共利益。

（2）营造良好的运营环境和制度环境，包括完善法律法规体系、加强知识产权保护、优化税收政策等。

（3）加快养老旅游经济的市场化，推动养老产业、旅游产业的相关企业的改制和改革，引入更多的市场竞争机制，提高企业的活力和竞争力。

（三）健全基础设施

要实现养老产业与旅游产业的耦合发展，还需要构建一套适合老年人养老旅游需求的基础设施体系。我国可以从以下四个方面入手。

1. 构建养老旅游公共信息服务系统

信息时代的到来使得信息获取变得更加便捷，这也直接影响到老年旅游者的出行决策和体验。因此，政府应当充分发挥其在公共信息方面的职能，可以通过信息技术建立起全面、准确、及时的养老旅游公共信息查询系统，让老年旅游者能轻松通过互联网或移动终端获取所需的信息。

2. 建设养老旅游公共设施系统

老年人对养老旅游的需求具有特殊性，如老年人需要无障碍设施、医疗急救设施等。所以政府的相关主管部门应当加强与交通、规划等政府部门的协调与合作，在市政基础设施规划和建设中更多地融入旅游功能，特别是在重点旅游地建设方便老年人的公共设施。比如，旅游企业可以在景区内设置无障碍通道、电梯、扶手等设施，提供便捷的交通接驳服务；在酒店、民宿等住宿场所配备适合老年人的床铺、卫生间等。

3. 建立养老旅游安全救助系统

养老旅游安全救助系统是保障老年人旅游安全的重要机制。这一系统的构建需要相关主管部门发挥其主导作用，联合公安、消防等政府部门以及多种社会力量共同组建专门的旅游安全管理机构。这个机构不仅负责养老旅游安全的日常协调沟通工作，还要负责安全管理的组织实施，确保各项安全措施得到有效执行。

在具体运作上，相关的安全管理机构应当制定详尽的旅游安全应急预案，针对老年旅游者可能遇到的各种安全事件制定具体的应对措施和程序，其中包括突发疾病、意外伤害、走失迷路等。另外，各部门和人员的任务分工应当明确。政府还可以建立专门的旅游安全基金，这一基金的资金来源可以多元化，包括政府拨款、旅游专项税收、旅游行业的捐款等。基金在使用上应当严格监管，确保每一分钱都用在刀刃上。

4. 服务质量监控系统构建

旅游主管部门应当创新“多主体、全方位、动态化”的旅游养老服务质量监控机制。

（1）多主体。所谓“多主体”指的是质量监控的主体应当多元化，可以包括老年旅游者、民政主管部门、旅游主管部门、旅游企业、行业协会、社会组织、新闻媒介、社会公众等。其中老年旅游者是服务质量评价的重要群体，这些老年人的反馈是改进服务质量的关键。

政府主管部门应当主动调研不同公众对养老旅游服务的评价，及时发现问题，并采取改进措施。当前，在互联网普及的背景下，社会公众的评价方式变得便捷、多样，可以通过微博、微信、社交平台等新兴媒体发布质量评价，对养老旅游企业传统的服务管理模式提出了新的挑战。因此，相关的主管部门需要适应时代的变化，充分利用新媒体平台收集公众意见，提高服务质量和监管效率。

（2）全方位。所谓“全方位”指的是养老旅游服务质量监控的内容应当覆盖所有养老旅游企业、养老旅游公共服务机构。养老产业、旅游产业涉及的关联行业广泛，包括交通、住宿、餐饮、医疗等多个领域。因此，养老旅游服务质量监督部门应当全面监控各领域的养老旅游服务，发现其中的问题，并及时解决。

（3）动态化。动态化强调养老产业、旅游产业服务质量监控是一个动态循环过程，需要不断发现问题、纠正改进、检查复核，在动态循环的过程中不断提高养老旅游服务质量。

第二节 构建公共服务体系

公共服务体系是一个综合性的概念，它主要是指以政府为主导、以社会团体和私人机构等为补充的供给主体，以为公民及其组织提供基本而有保障的公共服务为主要目的而建立的制度安排。养老产业与旅游产业在耦合发展过程中，需要管理咨询服务、政策法律服务、信息服务、市场服务、金融服务、技术服务、中介服务、人才服务、资源共享等多种公共服务系统的支持。

全方位、高效率、多层次的公共服务系统是促进养老产业与旅游产业耦合的基础保障。构建运行高效的公共服务体系应当从以下两个方面入手。

一、改革行政管理体制

改革行政管理体制主要包括构建服务型政府和强化市场监管。

（一）推动政府职能转变，打造服务型政府

在“简政、放权、搞活”的原则指导下，深化行政管理体制改革的首要任务是推动政府从传统的以监管为主向以服务为主转变。这一转变不仅是理念上的革新，还是实践上的变革。政府应当主动精简行政审批事项，减少不必要的行政干预，将更多精力用在提升公共服务质量上。具体而言，政府需要从以下几个方面拓展。

1. 产业规划

政府可以结合地方特色与资源优势，科学制定养老产业与旅游产业相关企业的发展规划，引导相关产业合理布局与升级。

2. 政策法规咨询

政府需要建立健全政策法规咨询体系，为企业提供及时、准确的政策解读与咨询服务，帮助企业规避法律风险。

3. 信息服务与人员培训

政府应利用大数据、云计算等现代信息技术，搭建信息共享平台，提供市场动态、技术革新等信息服务。同时，政府应加强对从业人员的技能培训，提升行业整体服务水平。

4. 旅游目的地营销

政府可以通过整合营销资源、创新营销方式提升养老旅游目的地的知名度和吸引力，促进养老产业与旅游产业的耦合发展。

在实施过程中，政府应当引入科学管理方法和手段，如目标管理、绩效评估、时间管理、质量管理等，确保服务的高效与精准。政府应通过设立明确的服务目标，建立科学的绩效评估体系，实现从管理型政府向服务型政府转变。

（二）强化市场监管，做好市场监管者

在打造服务型政府的同时，政府还需要加强对市场的监管，维持养老、旅游市场的市场秩序。

1. 完善法律法规体系

我国应建立健全的养老、旅游相关行业的法律法规，明确市场主体的权利与义务，为市场规范运行提供坚实的法律基础。

2. 加强市场监管力度

政府应通过定期检查、随机抽查、投诉处理等多种方式，加强对养老、旅游市场的监管，及时发现并纠正违法违规行为。

3. 保护企业合法权益

政府应建立健全企业权益保护机制，对侵害企业合法权益的行为进行严厉打击，营造公平竞争的市场环境。

4. 制止无序竞争

针对市场中的低价竞争、虚假宣传等无序竞争行为，政府应出台相应措施予以制止，引导企业良性竞争，促进市场健康发展。

除此之外，养老产业、旅游产业及相关产业的发展还需要社会各界的支持与合作，政府应当在其中发挥主导作用，实现政府主导、社会共治的局面，如通过建立行业协会、消费者组织等第三方机构，共同参与市场监管，提升监管的透明度和公信力。同时，政府还要优化服务流程，提高服务效率，确保在维护市场秩序的同时能为企业提供便捷、高效的服务，真正实现政府与市场、社会的良性互动。

二、构建系统的养老产业、旅游产业及相关产业的公共服务体系

构建系统的养老产业、旅游产业及相关产业的公共服务体系可以促进资源高效整合、优势互补、互惠互利，推动政府、企业、社会组织等多方主体的协同合作。

（一）多方主体参与

1. 政府主导

政府部门在公共服务体系构建过程中扮演着重要角色，政府可以为体系构建提供政策支持、资金扶持，还可以主导培育服务于养老、旅游企业的各类专业服务企业（组织），成为体系构建的推动者、协调者，为各方合作提供有力的制度保障和政策引导。

2. 企业参与

企业是养老产业与旅游产业耦合发展的主体，因此企业应当参与公共服务体系的构建。企业通过与其他社会主体开展合作，实现资源共享、技术共享以及管理经验共享，从而提升自身的竞争力。

3. 行业协会、社会组织、中介组织发挥作用

行业协会、社会组织、中介组织等也是推动公共服务体系构建的主要力量。行业协会、社会组织、中介组织可以发挥桥梁和纽带作用，促进政府与企业、企业与企业之间的沟通与合作，推动养老产业与旅游产业形成良好的产业生态。

4. 高校与科研院所提供支持

高校与科研院所有着丰富的人力资源和科研能力，可以为养老产业与旅游产业耦合发展提供智力支持、技术支持。通过搭建合作与交流平台，高校与科研院所可以促进科研成果在产业实践中的应用，推动产业升级和创新发展。

（二）多边关系

多元社会主体之间形成了多边关系，通过对话协商、沟通协作等方式，将不同领域、不同性质的主体紧密联系在一起，形成了丰富、形式多样的合作网络。其中养老产业与旅游产业的发展需要多边关系的作用。养老产业、旅游产业与高校、科研院所合作，促进了科技成果在产业实践中的应用，还使得企业能共享高校和科研机构的资源，如师资力量、设施设备、技术等，为企业提供全方位的人员培训、管理咨询与诊断、统计数据，提出发展建议，搭建业界沟通与交流的平台，以及投融资平台，联合开展人员培训和营销活动，进一步促进了产业的协同发展。

技术与管理咨询企业（组织）的加入可以为养老企业、旅游企业提供更为专业的技术开发与推广、产品设计、管理咨询等服务，成为企业发展道路上的技术支持与智力支撑。技术与管理咨询企业有着先天优势，能广泛联系产业内

的专家学者、企业高管、离退休专业人员等，组成强大的顾问咨询团，为企业排忧解难，提供精准的管理咨询与诊断。

信息服务企业（组织）通过提供信息服务平台，如构建智慧养老旅游公共服务网络平台、全国异地旅游养老网络平台等，为旅游企业提供全面的政策法规、产业、市场、技术、人才、资金等信息，为企业制定成长战略。同时，信息服务企业还搭建起企业与各类公共服务组织之间的信息沟通桥梁，实现整个社会服务体系的信息共享，有效提高了企业的科学决策能力。

在多边关系的推动下，各级民政主管部门、旅游主管部门、商会（行业协会）以及养老旅游企业也共同合作，建立“养老旅游服务人才库”，为养老企业、旅游企业储备人才。同时，各地通过建立灵活的养老、旅游服务人才流动机制，运用政策调控与市场调节相结合的综合手段，促进相关产业人才资源的配置与流动。

在养老产业、旅游产业所构建的公共服务体系中，各个主体发挥着至关重要的作用。其中，政府在其中起着主导作用，充当着战略掌舵者、沟通协调者、合作引导者。所谓战略掌舵者指的是政府负责制定相关的养老、旅游公共服务的总体战略，为体系的发展提供宏观指导。沟通协调者指的是政府作为各主体间的桥梁，通过有效的沟通和协调机制，促进各方达成共识，形成合力。合作引导者指的是政府通过服务外包、委托授权、特许经营、BOT（建设—经营—转让）模式、奖励制度等方式，吸引并引导社会力量参与养老产业、旅游产业公共服务中，提升了服务质量。

非政府组织包括企业、行业协会、高校与科研院所、社会组织、中介组织等，它们在该体系中充当着服务提供者、资源整合者、创新推动者的角色。非政府组织以其低成本、高效率、灵活多变的优势，成为养老旅游相关产业公共服务的重要服务提供者，满足了老年人多样化的需求。非政府组织能够整合社会资源，与政府和其他主体形成互补，共同构建完善的养老旅游公共服务体系。另外，非政府组织在服务模式、管理方法等方面具有创新性，能推动养老旅游公共服务体系的持续优化与升级。

在政府的主导下，非政府组织之间相互关联，为养老产业、旅游产业耦合发展提供相应的服务，从而实现了公共服务体系的构建。养老产业、旅游产业及相关产业的公共服务体系如图 6-1 所示。

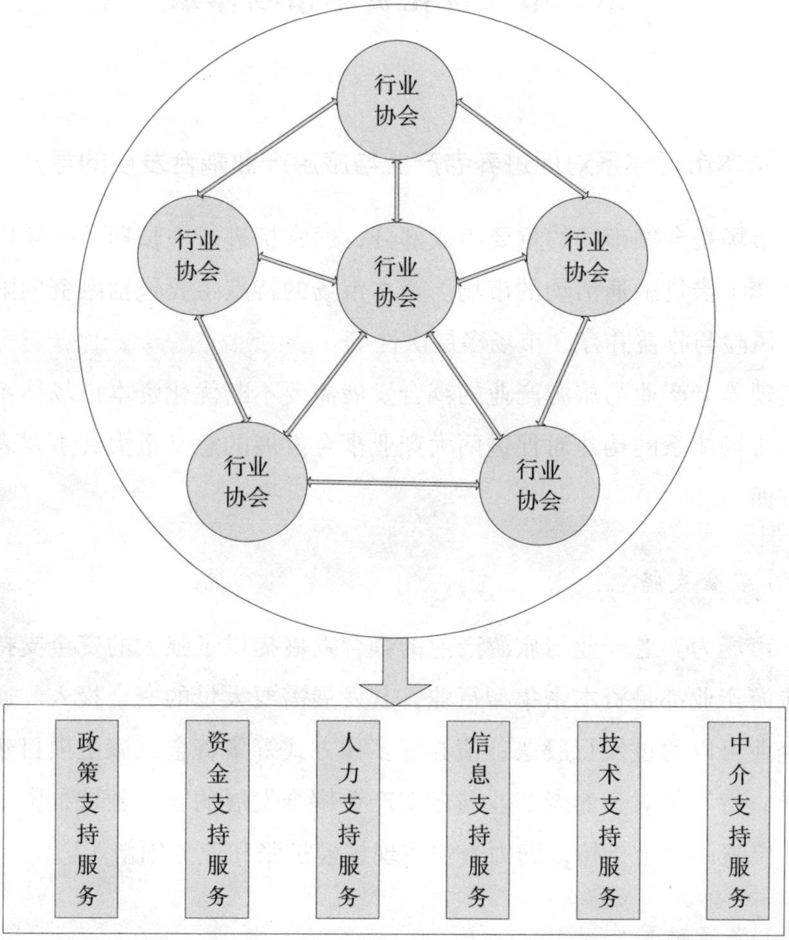

图 6-1　养老产业、旅游产业及相关产业的公共服务体系

第三节　优化资本市场体系

一、资本市场体系对促进养老产业与旅游产业耦合发展的意义

资本市场是金融市场的重要组成部分，通常指进行中长期（一年以上）资金（或资产）借贷融通活动的市场。资本市场的特点主要包括融资期限长、融资量大、风险与收益并存、市场多层次性等。

要实现养老产业与旅游产业的耦合发展需要不断优化资本市场体系，这是因为资本市场体系的构建对促进两大产业耦合发展的意义重大，主要表现在以下几个方面。

（一）资金支持

资本市场为养老产业与旅游产业的耦合发展提供了强大的资金支持。养老产业和旅游产业都是资本密集型行业，其发展需要大量的资金投入。通过资本市场，企业可以通过发行股票、债券等多种方式筹集资金，满足项目建设和运营的需求。特别是对于养老产业与旅游产业耦合发展的新兴领域，资本市场更是提供了宝贵的资金支持，助力企业实现规模扩张和业务创新。

（二）资源配置

资本市场促进了资源的优化配置。在资本市场的运作下，资金会自动流向具有发展潜力和盈利能力的企业和项目。这种资源的优化配置，有助于推动养老产业与旅游产业耦合发展的优质项目，使企业在竞争中脱颖而出，实现行业的优胜劣汰，从而促进行业的健康发展。

（三）融资成本

资本市场有助于降低融资成本，提高资金使用效率。通过资本市场，企业可以利用多种金融工具进行融资，选择适合相关行业发展需求的融资方式，从而降低融资成本。同时，资本市场还提供了多种风险管理工具，帮助企业有效管理融资风险，提高资金使用效率。

（四）融资渠道

资本市场还为养老产业与旅游产业耦合发展的企业提供了多元化的融资渠道。除了传统的银行贷款外，企业还可以通过发行股票、债券，资产证券化等方式进行融资，满足企业不同阶段的资金需求。

二、资本市场体系优化的路径

（一）投资环境和融资环境的优化

1. 投资环境的优化

投资环境的优化包括投资管理体制、税收优惠政策、投资引导机制三个方面的优化。

（1）完善投资管理体制。政府应充分发挥宏观调控职能，完善投资管理体制，为养老产业与旅游产业的耦合发展提供坚实的制度保障。具体而言，政府应出台针对养老旅游产业的投资管理政策，明确投资方向、投资标准和投资流程，避免盲目投资和违法行为。此外，政府还应加强对投资项目的监管和评估，确保资金的有效使用和项目的顺利实施。

（2）出台税收优惠政策。为了吸引更多的社会资本投入养老产业与旅游产业，政府应协同民政、旅游等行政主管部门，出台一系列税收优惠政策。这些政策包括减免企业所得税等，降低投资者的经营成本，提高其投资回报率。

（3）健全投资引导机制。政府应健全养老旅游投资的引导机制，通过经济、法律、行政等多种手段，引导社会资本向养老产业与旅游产业耦合发展的方向流动。具体而言，政府可以建立政策性金融体系，充分利用财政资金的杠杆效应，引导商业银行、保险公司等金融机构加大对养老旅游产业的支持力度。政府还可以设立专项投资基金，为具有发展潜力的项目提供资金支持，推动产业的快速发展。

2. 融资环境的优化

（1）拓宽融资渠道。为了满足养老产业与旅游产业耦合发展的资金需求，政府应拓宽融资渠道，鼓励社会资本通过多种方式参与产业发展。除了传统的银行贷款外，政府还可以引导企业积极利用股权融资、债券融资、资产证券化等新型融资方式，以降低融资成本，提高融资效率。

（2）加强金融支持。政府应加强对养老产业与旅游产业的金融支持，鼓励金融机构创新金融产品和服务方式，满足产业的多元化融资需求。例如，可以设立旅游养老产业专项贷款、提供信用担保服务、开展保险产品创新等，为产业发展提供全方位的金融支持。

（3）建立风险防控机制。在优化融资环境的同时，政府还应建立风险防控机制，加强对融资项目的风险管理和监控。政府可以通过建立健全风险评估体系、完善风险预警机制、加强风险处置能力建设等措施，确保融资项目的安全稳健运行，降低融资风险。

（二）培养成熟的资本市场

要促进养老产业与旅游产业的耦合发展离不开成熟资本市场的支持。要培育成熟的资本市场，政府可以从以下几个方面入手。

1. 加快金融体制改革，营造市场化信贷环境

金融体制是资本市场的基础，其改革与完善对于培育成熟资本市场至关重要。为了促进养老产业与旅游产业的耦合发展，政府应加快金融体制改革步伐，完善金融组织体系。具体而言，政府要引入竞争机制，打破垄断，提高金

融服务效率。

同时，政府应营造市场化的信贷环境，拓宽贷款渠道，降低贷款门槛，为养老旅游企业提供更加便捷的融资服务。此外，政府还应建立高效的金融市场，降低资本市场的交易费用，提高市场流动性，吸引更多资金进入养老旅游产业。

2. 实施金融工具多元化策略，拓宽融资渠道

单一的融资渠道往往难以满足养老旅游产业多样化的融资需求。因此，政府应实施金融工具多元化策略，创新多元金融产品，为养老旅游企业提供更多融资选择，包括建立包含证券融资、债券融资、专项基金、风险融资、信托投资、私募股权投资、项目融资、信贷融资等多层次的投融资体系。

在证券融资方面，政府应鼓励符合条件的养老旅游企业上市，通过股票市场筹集资金。暂时不具备上市条件的企业，可以通过新三板、区域股权交易中心等渠道进行融资。在债券融资方面，政府应逐步完善和放开债券市场，放宽企业债券发行限制，扩大企业债券发行规模，为养老旅游企业提供更多债务融资工具。

3. 加强股票市场、债券市场和产权交易市场建设

股票市场、债券市场和产权交易市场是资本市场的重要组成部分，它们对于促进养老旅游产业的融资具有重要作用。政府应大力发展证券市场，通过财政支持、津贴奖励、税收优惠、政策扶持等多种手段，鼓励和支持养老旅游企业上市融资。同时，政府应逐步完善和放开债券市场，创新债券种类，建立类型丰富、利率灵活的企业债券体系，满足养老旅游企业不同期限、不同风险的融资需求。

此外，政府还应培育产权交易市场，为非上市养老旅游企业在产权（股权）交易、债券融资、股份制改造等方面提供服务。通过产权交易市场，企业可以更加灵活地进行资产重组和资本运作，提高资源配置效率。

4. 运用政策导向鼓励多元投资主体参与

为了吸引更多资金进入养老旅游产业，政府应运用政策导向，鼓励各类投资主体通过多种方式投资养老旅游产业。对于实力雄厚的企业，政府可以支持其通过股票上市、企业债券等方式融资，扩大融资规模，降低融资成本。同时，政府应积极创造项目融资机会，大力引进重点养老旅游投资项目，采用灵活多样的合作方式，如独资、合资合作、BOT 等，吸引多元民间资本和海外资本参与养老旅游产业的投资和发展。

5. 加强资本市场法律和监督体系建设

资本市场的健康发展离不开完善的法律和监督体系。政府应加强资本市场法治建设，制定和完善相关的法律法规，为资本市场的规范运作提供法律保障。同时，政府应建立健全资本市场监督体系，加强对市场参与者的监管和约束，防止市场操纵、内幕交易等违法行为的发生，维护市场秩序和公共利益。

（三）设立资本中介机构

资本中介机构是金融市场的重要组成部分，它们通过提供专业的金融服务，促进资金的有效流动和合理配置。在养老产业与旅游产业耦合发展的过程中，资本中介机构可以发挥信息中介作用、融资顾问作用、风险评估与管理作用。

1. 政府引导与市场运作相结合

在设立资本中介机构的过程中，政府应发挥引导作用，通过宏观调控手段，鼓励和支持市场形成完整的资本中介机构体系。具体而言，政府可以制定相关政策，为资本中介机构的设立和发展提供法律保障和政策支持；同时，政府还可以通过财政投入、税收优惠等方式，引导社会资本投向资本中介机构，推动其快速发展。

在市场运作方面，政府应充分发挥市场机制的作用，鼓励各类资本中介机构积极参与养老旅游产业的融资服务，通过市场竞争，优胜劣汰，形成一批具有实力、信誉良好的资本中介机构，为养老旅游产业提供优质的金融服务。

2. 建立健全资本中介机构体系

设立系统、高效的资本中介机构，需要建立健全的资本中介机构体系。这一体系应包括金融机构、信息网络、信用评级机构、信贷担保机构、会计师事务所、律师事务所等多种类型的机构。

其中，金融机构是资本中介机构的核心，它们能够提供贷款、投资等金融服务，满足养老旅游产业的资金需求。信息网络则是资本中介机构的重要支撑，它能够实现信息的快速传递和共享，提高融资效率。信用评级机构、会计师事务所等机构则能够对融资项目进行专业的评估和审计，为投资者提供决策依据。

特别值得一提的是信贷担保机构，它们在养老旅游产业的融资过程中发挥着至关重要的作用。为了建立健全信贷担保体系，政府应重点建设行业互助型担保机构、政策性担保机构、商业性担保机构、再担保机构等互为补充的多元化担保体系。同时，政府还应完善担保机构的资金投入机制，综合运用政府财政投入、奖励补助、风险补偿、企业互助资本注入、民间筹资等多种方式筹集担保资金，以保障信贷担保体系的可持续运行。

3. 建立风险分担机制

在设立资本中介机构的过程中，政府还应建立合理的风险分担机制。一方面，要建立信用担保机构与银行之间的风险分担机制，明确双方的风险责任和利益分配，降低银行的信贷风险；另一方面，要建立信用担保机构与债务人之间的责任分担机制，确保债务人在无法按时还款时，信用担保机构能够承担相应的责任，保障债权人的利益。

建立风险分担机制，可以充分调动各方参与养老旅游产业信用担保体系建设的积极性，降低信贷风险和成本，还有助于提高资本中介机构的信誉和公信力，吸引更多的投资者和融资者参与养老旅游产业的融资活动。

第四节 创新专业人才培养体系

人才是养老产业与旅游产业耦合发展的前提，有了充足的人才队伍的支持，才能实现两大产业更好的耦合。两大产业的耦合发展需要重视相关人才的培养，创新专业人才培养体系。

一、完善职业资格认证体系

（一）职业资格认证体系的必要性

在养老产业与旅游产业耦合发展的背景下，相关的养老旅游服务人才的需求日益增长，但市场上的专业人才处在相对缺乏的状态。因为传统的养老服务和旅游服务的人才培训体系相对独立，缺乏针对养老旅游服务特点的综合性培训。所以，建立养老旅游服务人才资格认证体系，对于规范市场秩序、提高服务质量、促进产业耦合发展有积极的意义。

职业资格认证体系能确保从业人员具备必要的专业知识和专业技能，满足养老旅游服务岗位的需求。资格认证可以筛选出具有良好职业素养、专业技能和服务意识的优秀人才，为养老旅游相关产业的发展提供人才支撑。同时，这种资格认证还能激发从业人员的职业自豪感和归属感，提高职业认同感。

（二）完善职业资格认证体系的具体举措

1. 细分岗位类型，明确职责要求

针对养老旅游相关产业的服务特点，企业应对岗位进行细分，如旅游养老咨询师、家政服务师、养老护理员等。每个岗位都应有明确的职责要求和任职标准，确保从业人员能够清晰地了解自己的工作职责和职业发展路径。

2. 建立层级化的职业资格认证体系

为了体现从业人员的专业水平和职业能力，旅游养老服务人才职业资格可从高到低划分为多个层级。例如，可以设置初级、中级、高级、技师和高级技师等五个层级。各层级设有相应的培训课程和职业资格等级考试，确保从业人员能够逐步提升自己的专业水平和职业能力。

3. 强化课程培训与职业资格等级考试的衔接

课程培训是职业资格认证体系的重要组成部分。培训机构应针对每个层级的职业资格要求，设计相应的培训课程，确保从业人员能系统学习和掌握必要的专业知识和技能。同时，培训机构应强化课程培训与职业资格等级考试的衔接，确保培训内容与考试内容相一致，提高培训的针对性和有效性。

4. 将职业资格证书与工资福利、职位晋升挂钩

为了激发从业人员参加职业资格认证的积极性，企业应将职业资格证书与其工资福利、职位晋升等挂钩。具体来说，企业可以设定不同层级的职业资格证书对应不同的薪资标准和晋升机会，鼓励从业人员不断提升自己的职业水平和职业能力。

5. 加强监管与评估，确保认证体系的公正性和有效性

政府或社会组织应加强对职业资格认证体系的监管与评估，确保认证过程的公正性和有效性。具体来说，政府可以建立独立的监管机构和评估机制，对认证机构的资质、认证流程、考试内容等方面进行监督和评估。同时，政府应加强对从业人员的职业道德和职业素养的考核，确保从业人员具备良好的职业操守和服务意识。

二、构建培养、培训体系

养老产业与旅游产业在耦合发展过程中对专业人才有了新的要求。为适应

产业发展，我国需要构建一套完整的、多层次的专业人才培养、培训体系。

（一）建立多层次的教育体系

我国应建立多层次的教育体系，构建涵盖高等院校、高职院校、中职院校等不同层次的教育网络。

1. 高等院校的专业设置与相关政策

高等院校应当顺应市场需求，开设养老旅游服务、老年福利、老年护理等相关专业，这些专业应当涵盖旅游学、老年心理学、护理学、管理学等多学科知识，培养具有跨学科知识的复合型人才。为了吸引更多学生报考这些专业，高校需要加大激励措施，如设置奖学金、助学金等，鼓励学生学习相关专业知识，掌握相关技能。实践经验对于人才培养来说也非常重要，相关专业应当加强与社会企业的合作，为学生提供实习实训基地，使理论与实践相结合，提高学生的实际操作能力。

2. 职业教育的衔接与提升

我国应打通职业教育与学历教育的衔接通道，为高职学生、中职学生提供继续教育的机会。这样，中职院校的学生可以提升学历层次，还能在原有技能的基础上进一步学习和掌握更高级的理论知识和管理技能，成为更高层次的专业人才。

（二）培训体系构建

除了教育体系的构建之外，政府还应建立立体交叉的养老旅游服务专业人才培训体系，包括从国家层面、地方层面进行培训。

1. 国家层面关于培训的规划与指导

国家层面的人才培训中心应当规划养老旅游人才的培养方向和目标，制定统一的培养标准和考试大纲，还应了解各地的养老旅游人才培养工作，确保各地培训工作的协调性与一致性。国家层面的人才培训中心还应当承担起高级管理人才的培养任务，为养老旅游产业输送具有战略眼光和管理能力的高端人才。

2. 地方层面关于培训与就业的指导

地方层面的人才培训中心主要负责规划地方的人才培训与就业指导工作。地方人才培训中心应当根据地方的实际情况，从需求出发制订具体的培训计划和安排具有自身特色的课程。同时，地方层面的人才培训中心还应承担起就业指导与人才交流的职责，为培训合格的人才提供就业信息和职业介绍服务，促进人才的合理流动和有效配置。

（三）引入社会资本和实施优惠措施

我国应通过直接投资或者间接引导社会资本投资等方式，建立多层次的养老旅游人才培训机构。

1. 社会资本的参与方式

社会资本可以通过投资兴办培训机构、参与现有培训机构的改制和重组等方式，进入养老旅游人才培训领域。政府应鼓励和支持社会资本参与培训机构的建设和运营，为其提供必要的政策支持和保障。

2. 优惠措施的实施

为了吸引和鼓励社会资本参与养老旅游人才培训，政府可以推出一系列优惠措施。例如，对投资兴办培训机构的社会资本给予税收减免、土地优惠等政策支持；对参与培训机构改制和重组的社会资本提供财政补贴、贴息贷款等资金扶持；对在培训机构工作的人员给予学历同等认定、职称评审等方面的优惠待遇。

需要强调的是，培养、培训体系的建设是一个长期而复杂的过程，需要不断地完善和创新。政府应当加强对培养、培训体系的监管和评估，确保培养、培训质量。

三、提升管理队伍素质

（一）对高层管理者的培训

民政主管部门、旅游主管部门、行业协会组织应当联合起来，定期为国内主要的养老产业与旅游产业的高层管理者举办专业培训。培训内容应当涵盖养老旅游行业的最新发展动态、市场动态分析、政策法规解读、服务质量管理、营销策划创新等多个关键领域。

市场动态分析是不可或缺的一环，专业的数据解读和趋势预测，可以帮助管理者准确把握行业风向标。同时，政策法规的解读也至关重要，可以确保管理者在合法合规的框架内开展业务，规避潜在的法律风险。服务质量管理也是培训的重点内容之一。随着消费者对养老旅游服务品质要求的日益提升，管理者必须掌握先进的服务理念和管理方法，以提升服务水平和客户满意度。为此，培训应涵盖服务标准制定、服务流程优化、客户投诉处理等多个方面。

通过邀请高校专家进行深度讲解，管理者能掌握行业前沿的理论知识，同时，邀请业界高层分享实战经验，可以让管理者了解更多的案例，掌握更多的实际操作技巧。

（二）高层管理者深入养老旅游企业进行挂职学习

实践是检验真理的唯一标准。为了增强高层管理者的实践能力，高层管理者应到经营良好的养老旅游企业和养老机构挂职学习，亲身体验先进的管理模式和服务流程，了解其在市场营销、客户服务、运营管理等方面的成功经验。比如，可以深入市场营销部门，了解企业如何制定营销策略、拓展市场份额；走进客户服务区域，亲身感受企业如何以客户为中心，提供贴心、周到的服务；还可以学习企业是如何高效运用资源，实现可持续发展的。

通过挂职学习，管理者可以与企业的中层干部、一线员工进行深入交流，了解企业运营中的细节和技巧，从而将这些宝贵的经验转化为自己的实战能